提问诸子丛书

黄坤明 主编

郭志坤 陈雪良 著

提问墨子

兼爱天下
平民圣人

上海人民出版社

图书在版编目(CIP)数据

提问墨子/郭志坤,陈雪良著. —上海:上海人
民出版社,2017
　(提问诸子丛书/黄坤明主编)
　ISBN 978－7－208－14251－0

　Ⅰ.①提… Ⅱ.①郭… ②陈… Ⅲ.①墨翟(前468－
前376)—人物研究 Ⅳ.①B224.5

中国版本图书馆CIP数据核字(2016)第303133号

出版统筹 孙　瑜
责任编辑 黄玉婷
装帧设计 范昊如

·提问诸子丛书·
黄坤明　主编

提 问 墨 子

郭志坤　陈雪良　著
世 纪 出 版 集 团
上 海 人 民 出 版 社 出版

(200001　上海福建中路193号　www.ewen.co)
世纪出版集团发行中心发行　上海中华印刷有限公司印刷
开本 720×1000　1/16　印张 10.25　插页 4
2017年1月第1版　　2017年4月第2次印刷
ISBN 978－7－208－14251－0/B·1232

定价 58.00元

总　序

黄坤明

　　读诸子百家书,发觉古贤的思维模式有一个显著特点:善于提问。"孔子入太庙,每事问。"(《论语·八佾(yì)》)这个典故是人们熟知的。说孔子来到祭祀周公的太庙,提问频率之高,问题触及面之广,使亲历其境的人们感到惊异:都说孔子知礼,怎么还提问不断呢? 面对发问,孔子的回答既简洁又精彩:"是礼也!"其意是讲,我是个善于提问的人,善于提问才使我真正知礼啊! 这是发生在孔子早年的事。"三十而立"后的数十年间,无论是教学弟子,还是答问友朋,或者与列国君臣周旋,孔子都喜欢用提问的方式来探求真知。在诸子中,孔子的影响是最大的,用司马迁的话说,是"学者宗之"的。正因为如此,孔子倡导的提问式思维模式影响了一代又一代文人墨客,成为中华文化的好传统。

　　提问对人来说真是个奇妙的东西,它会使人兴奋,使人坐卧不安,使人有索解的欲望,使人有不倦的探求精神。一个问题解决了,又会有新的问题产生。任何一个人都永远生存于提问和被提问之中。我们完全可以这样说,提问是驱动思想发展的真正的"永动机"。

　　我们常说,理论始于问题,科学始于问题,我们又何尝不可以说,学习始于问题呢?

　　我们常说,提出问题往往比解决问题还要难,其价值也往往更大。善于提问,敢于提问,正是孔子等先哲留给我们的一份极为珍贵的遗产。

　　我们着手策划这套有关前贤先哲的丛书的时候,孔子等先哲倡导的

"提问"思维模式一下激活了我们这些后学的思维。先哲们的思想是不朽的。为何不把先哲请到"前台"进行访谈呢？他们的身世如何？他们是怎么生活和学习的？为了传播学说，他们又是怎样远行千里的？说是学习，他们有没有实际意义上的课堂？他们手里捧着的又是何种意义上的"书本"？他们四处游说的学术主旨是什么？……甚至他们穿的服饰、吃的食品、驾的车辆都会在我们的心头形成一个个有情有趣、有滋有味的问题。

有鉴于此，我们将这套丛书取名为"提问诸子丛书"。这里有跨越时空的对话、通俗流畅的语言、富含哲理的剖析、见解独特的解说、图文并茂的装帧、考之有据的典章、实地拍摄的文物图片。我们所做的一切，都是冀望读者能喜欢这套独具特色的图书。

2010年春于杭州

目 录

墨子卷之一

亲士第一

入国而不存其士则亡国矣见贤而不急则缓其君矣非贤无急非士无与虑国缓贤忘士而能以其国存者未曾有也昔者文公出走而正天下桓公去国而霸诸侯越王勾践遇吴王之丑而尚摄中国之贤君三子之能达名成功於天下也皆於其国抑而大丑也太上无败其次败而有以成此之谓用民吾闻之曰非无安居也我无安心也非无足财也民无足心也是故君子自难而易彼众人自易而难彼君子进不败其志内究其情虽杂庸民终无怨心彼有自信者也是故为其所难者必得其所欲焉未闻为其所欲而免其所恶者也是故倡臣伤君而佞下伤上君必有弗弗之

前 言

　　墨子,春秋战国之际的大师级人物。"世之显学,儒、墨也。"在当年,墨家曾与儒家并驾齐驱了好几个世纪,左右着人们的精神风貌和时代潮流。只是秦汉以降,墨学才沉寂了下来——这一沉寂啊,就是漫漫两千余年。虽说在这悠长的岁月里,墨学仍像地火般地奔流于熔岩之中,但它被深深地窒息,浓浓地妖魔化,却是不争的事实。不少后世的专家学者为之发出浩叹,说这可能是中国的一个历史性大失误,要是在漫漫的历史进程中儒墨俱显,得失互补,那中国的历史文化遗产会是另一番景象,其灿烂和明丽,自非今日之情状。是啊,墨家兼爱天下之大气,墨家交利万民之豪情,墨家"赴汤蹈火,死不旋踵"之自我牺牲精神,墨家"俭节则昌,淫佚则亡"之治国思想,墨家反对"攻异国以利其国"之和平发展观,都是万世不变的真理啊!

　　"墨"含义丰富，其中的一种意思为黑色，它与大自然中的黑夜、黑暗相关联。与"墨"构成的词，大多含有贬义。人的气色晦暗，称"墨面"。刺字于脸面，称"墨刑"。玄色的丧服，称"墨衣"。不洁的井，称"墨井"。不登大雅之堂的车乘，称"墨车"。连贪污腐化、不齿于世人的官吏，也以"墨吏"名之。既如此，就有理由产生这样一种怀疑，作为春秋战国之际显学领袖的墨子，真的是姓"墨"吗？如果不姓"墨"，那人们为何又众口一词地称之为"墨子"呢？

冒昧地问一句：先生您真的姓"墨"吗？世传有《百家姓》，可查不到墨姓。有学者几经考查，在您之前也没有一人姓墨，这到底是怎么回事？

墨子像

墨子：姓甚名谁，无非是一个生命符号而已。比我稍为晚出的韩非子说："墨之所至，墨翟也。"（《韩非子·显学》）汉代的大史学家司马迁说："盖墨翟，宋之大夫。"（《史记·孟子荀卿列传》）他们都是学界权威，韩非子和太史公说我姓墨名翟，这是史籍上的明确记载，怎能不承认呢？我确信"墨"是我的生命符号。

《韩非子》书影　　　　　《史记》书影（宋刻本，现存上海图书馆）

如果事情那么简单，我们也就不会在姓氏问题上向先生发问了。问题是，在您身后一千多年的元代，有个叫伊世珍的学者提出了质疑，认为您并不姓墨。到了清代，学者周亮工对您所著的《墨子》一书详加考证，得出这样的结论："墨非姓也。"尔后，多数学者都认同"墨非姓"之说，在这一点上，我们很想听听先生自己的意见，可以吗？

墨子像

墨子：说实话，我只是承认"墨"是我的生命符号，而不认为是姓，打心眼里我是同意"墨非姓"说的。从最初，"墨"可能代表人的一种肤色。我出生在一个贫困的手工业者家庭之中。从懂事那天起，就跟随父母学艺，在数年间，学得了一手好技艺，连大学问家惠施也说"墨子大巧"。由于我生活在"贱人"之家，常年暴露于骄阳之下，皮肤被晒得黑亮黑亮的，因此就有了"墨子"之谑称。"墨子"大约是"黑皮孩子"的意思。这样晒得黑黑的孩子也不只是我一个，苦力劳动之家的孩子大多是面目黧黑的，他们都是"墨子"。因为我黑得厉害，又常带着一大群面目黧黑的弟子出现在大众面前，所以后来"墨子"就成了对我的专称了，我自己也就默认了。

林宝《元和姓纂》书影

《元和姓纂》，唐代谱牒姓氏之学的专著。书中有载："墨氏，孤竹君之后，本墨台氏，后改为墨氏，战国时宋人。墨翟著书号《墨子》。"该书说到了"墨氏"，认为墨子姓墨；至于"孤竹君之后"云云，可能只是一种附会。

在研究您身世的过程中,有位叫钱穆的大学问家说过:"'墨'非姓,因其人曾受过墨刑,故以为称。"(钱穆《墨子》)钱穆发其端,冯友兰随其后,也同意此说。先生,您认为此说站得住脚吗?

墨子: 我看是站不住脚的,因为这种说法没有任何的事实根据,纯属臆测。"墨刑",古代刑名之一。人如果犯了相对较轻的罪,按当时的法律规定就会被罚当奴隶去做苦工,由于怕他们逃亡,就在他们的脸上或额头上刺字,并涂上黑色(墨色)。我从来没有犯罪的记录,何来处"墨刑"之经历?钱、冯两人的说法是没有依据的。还有位学者,说我是印度人,实在是匪夷所思。这种说法受到很多人的反驳,也是情理中的事。

钱穆像

钱穆,现代历史学家、国学大师。著有《先秦诸子系年》,他对墨子的生平作了一番考察,认为墨子止楚攻宋时,约在三十岁。据钱穆所著《墨子事迹年表》推算,墨子享年八十多岁。

說學賢先國中

著琛懷胡

行印局書中正

胡怀琛《中国先贤学说》书影

胡怀琛,学者,撰有《中国先贤学说》《墨翟续辩》《关于墨翟问题的讨论》《墨翟为印度人辩》等论述,认为墨家之巨子相传制度,有如佛教禅宗之衣钵相传。墨家之兼爱、非攻、节用、明鬼,均与佛教所倡导的相合。《墨经》之逻辑学,即印度之因明学。面目黧黑,又与印度人肤色相合。此说随即遭到陈登原、杨宽、方授楚、童书业等的反驳。

墨子像

在您的姓氏问题上，还有一种更为离奇的说法，认为"'墨'为'貊'之转音，或'蛮'之转音。而'翟'即'狄'也，古多通用"（胡怀琛《墨翟为印度人辩》）。这样，"墨翟"转眼间成了"貊狄"或"蛮狄"，把您说成是蛮夷之人，甚至是外国人了。面对这种离奇说法，您作何感想呢？

墨子：这完全就是一种文字游戏式的杜撰了。"墨"音近于"貊"和"蛮"，在字义上三者并不等同。"翟"可通"狄"，并不是说"翟"一定要作"狄"解。这是文字学上最简单明了的道理。为了证明自己的奇思异想而玩文字游戏，又拿不出更有力的证据来，这样做至少是不严肃的。

我要告诉后世读者的是，我姓"墨"，的确是与我和我的弟子们"面目黧黑"相关的，这是我在《墨子》一书中一再提到的。我是工匠之子，当时做工又多是露天作业，脸色岂有不黑之理？我的弟子们也多是体力劳动者或体力劳动者之子，他们常年暴晒于太阳底下，脸膛岂有不"墨"之理？"墨子""墨家"云云，就这样被众口一词地叫出来了。

墨子纪念馆外景

据说您少年时期读了不少书,作为一个读书人,总该是"白面书生"了吧,与"墨子"何干?

墨子: 有钱人家的孩子读了书,就变成了"白面书生",我可是出身于"贱人"之家的啊。起初,我"学儒者之业,受孔子之术"。但是,我命中注定成不了儒生。我每天还是要做家务、学技艺,做完这些杂事,再赶到学校去上学,放学后还得赶回家做杂务。这样,我就不可能成为"白面书生",相反却成了"墨子"。

韩非像

韩非,战国时期的哲学家、思想家、政论家和散文家,法家思想的集大成者,后世称"韩子"或"韩非子"。他说:"世之显学,儒墨也。儒之所至,孔丘也。墨之所至,墨翟也。"(《韩非子·显学》)这一说法为后世所公认,被视为定论。

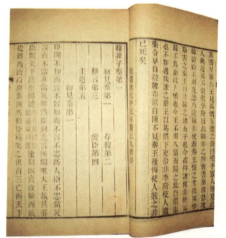

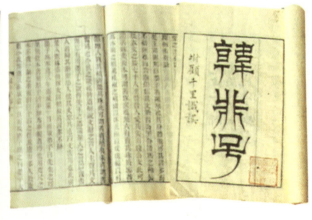

《韩非子》书影

说您"学儒者之业，受孔子之术"的文字见于《淮南子·要略》。作者当是晚于您数百年的人，这一番话，靠得住吗？

刘安雕像

刘安，汉高祖刘邦之孙。他主持编著的《淮南子·泰族训》中说："墨子服役者百八十人，皆可使赴火蹈刃，死不旋踵，化之所至也。"意思是说，听从墨子领导的众人，都可以不畏艰险，奋不顾身，勇往直前，这是教育感化的结果。

墨子：我以为这些话是靠得住的。作者这样认为，凭的不是个人的想象，而是我所作的《墨子》一书的相关篇章。在《墨子》一书中，放在最前面的《亲士》《修身》《所染》《法仪》诸篇，应该说是我早期的作品，甚至可以说是我"学儒者之业"时的习作，里面所表达的思想，可以说与儒家毫无二致。其中说道："人国而不存其士，则亡国矣。见贤而不急，则缓其君矣。"（《墨子·亲士》，以下凡引用《墨子》，均只注篇名）"志不强者智不达，言不信者行不果。据财不能以分人者，不足与友；守道不笃，遍物不博，辩是非不察者，不足与游。"（《修身》）很明显，这些都是孔子一再宣传的儒家思想。如果我一直沿着这样的道路走下去，可能就成为一个举世闻名的大儒，而不会成为一名独树一帜的墨者。

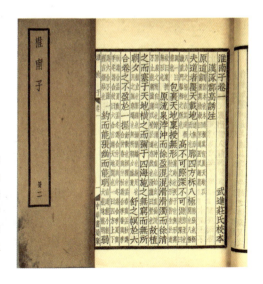

《淮南子》书影

《淮南子》，又名《淮南鸿烈》《刘安子》，是西汉淮南王刘安主持编著的一部论文集。在《淮南子·要略》中说："墨子学儒者之业，受孔子之术，以为其礼烦扰而不说，厚葬靡财而贫民，久服伤生而害事，故背周道而用夏政。"这表明墨翟本人早年学的是儒术，后来才"背周道而用夏政"的，此被后世史学家视为考定墨翟早年生活的实证。

是什么促使您决心走上背离"儒道"的别途呢？

尧像　　　舜像

墨子：答案只能从我的生活历程中去寻找。学术是一个人生活观和生命观的写照。我的"贱民"身份和我的"墨者"阅历，从根本上决定了我不能容忍儒者那一套做法。"以为其礼烦扰而不说，厚葬靡财而贫民，久服伤生而害事，故背周道而用夏政。"(《淮南子·要略》)劳作者讲究的是实效，哪顾得了那么繁多的"礼"？贫困者追求的是脱贫致富，哪容得了用厚葬来靡费钱财？再说，对死和葬仪过于重视，必然会损害人的生活，这也是我不能接受的。想来想去，我还是得"述禹道"。"禹道"是一个总的提法，它表现为朴实、勤奋、不拘礼节、不浪费财物，实际上也就是尧、舜、禹共通之道。

《宋人伐木》(选自明彩绘绢本《圣迹之图》)

图说孔子去曹国路经宋国，在大树底下给弟子讲课。宋国司马桓魋想加害孔子，令属下伐掉大树。弟子们劝孔子赶快离开，孔子说："上天把德行赋予我，桓魋能把我怎么样呢？"事见《史记·孔子世家》。儒墨也有诸多共通之处，墨子更是长途跋涉，不倦出行。有学者说，看了《宋人伐木》图，让人想到墨子出行的诸多艰辛。

禹像

上面说到"述禹道",本质上就是述尧、舜、禹之道,难道尧、舜、禹这些古圣人都与"墨子"这个称呼有关联吗?

墨子: 太有关联了。我敢说,从一定意义上讲,人们心目中的古圣人尧、舜、禹,全都是面目黧黑的"墨子"。尧就是个制陶的能手,因此号为"陶唐",他还带领大家制定历法,治理洪水,视察四方,是个地道的"墨子"。舜耕历山,渔雷泽,陶河滨,做杂器于寿丘。"舜黴黑"(《淮南子·修务训》),"黴"通"霉",就是脸上长满了疮斑、布满了伤痕,而且黑苍苍的。可见,舜是个标准的"墨子"。至于我重点学习的禹,更是以黑闻名的。禹是一个"劳身焦思,居外十三年,过家门不敢入"(《史记·夏本纪》)的人,整天整年地被风吹雨打日晒,不只脸黑,怕是周身体肤都黑了吧!

我学了"禹道""夏道"以后,对"墨子"这一称号的想法就很不一样了。别人称我为墨子,我不以为耻,反以为荣。墨子又怎么样?尧、舜、禹这些圣人,都是墨子呢!呼我为墨子,反倒是我莫大的光荣呢!

大禹治水雕像

您上面所说的这些,使我们想起了清人周亮工在《因树屋书影》中说的,您是"以墨为荣",又"以墨为道","墨"中有"夏道",有"禹道",是不是这样?

墨子:"墨"中不仅有"夏道",有"禹道",更重要的是有"人道"。我在《墨子》一书中一再提到,世上那些"富贵者",那些"王公大人",虽说是"面目美好者"(《尚贤下》),但心地并不见得"美好"。所谓"面目美好"云云,主要是指这些人面皮白皙、娇嫩,可他们的心往往是黑的。单有一副"美好"的面容有什么用?而我们的劳苦大众,尤其是那些贤人、圣人,必然"面目陷陬,颜色黧黑"(《节葬下》)。我称之为"民有黧黑之色"(《兼爱中》)。可是,他们的心是热的,其内心境界是美好的。可见,我承认自己是"墨子",就是承认自己是站在"颜色黧黑"的百姓一边,坚持的不仅是"夏道",也不仅是"禹道",从根本上说,是人之道、平民之道。

《墨子·节葬》书影

很显然,《节葬》一文,是为"不食而为饥,薄衣而为寒,使面目陷陬,颜色黧黑,耳目不聪明,手足不劲强"的劳苦民众而作的。

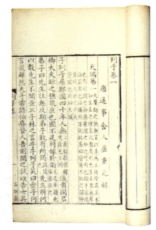

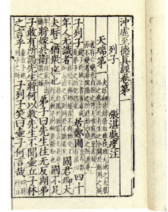

列子像及《列子》书影

列子,战国前期思想家,是老子和庄子之外的又一位道家思想代表人物。他认为墨子崇尚"禹道"。《列子·杨朱》中说:"禽子曰:'以吾言问大禹、墨翟,则吾言当矣。'"这里是把大禹与墨翟并列着说的。

正因为这样，后世有人称您为"平民圣人""贱人圣人"也是顺理成章的事了，您说对吗？

冯友兰像

　　冯友兰，现代哲学家、历史学家。他认为，在古代，墨子与孔子享有同等盛名。墨学的影响并不亚于儒学。墨子是孔子的第一个反对者。冯友兰说："孔子是文雅的君子，墨子是战斗的传教士。他传教的目的在于，把传统的制度和常规，把孔子以及儒家的学说，一齐反对掉。"

墨子： 我支持平民，站在"贱人"一边，为"贱人"谋利益，在我看来，那是一种最高尚的道德行为。从这个角度看，说我是"圣人"，也是可以的。冯友兰在《中国哲学史》中说道："墨子所主张者为'贱人之所为'，此其所以见称为墨道也。然墨子即乐于以墨名其学派，此犹安天斯塞厄斯（Antisthenes）之学之见称为'犬'学，而安氏亦乐于以此名其学，死后其墓上刻一石犬以为墓表也。"

　　这些都说明我本不姓墨，只因我成长于"贱人"之家，风里来雨里去，皮肤晒得黑黑的，被人称为"黑子"。后来，我又因为崇尚"禹道"，从思想到行为都站在"颜色黧黑"的百姓一边，所以正式被人称为"墨子"了。这就是"以墨为道"的正确解读。

禹帝像

冯友兰《中国哲学史新编》（人民出版社出版）书影

您在《经说上》中说，人可以分为两大类，"有黑者有不黑者也"。"黑者"指的是劳动者，"不黑者"指的是统治者。您十分明确地说："止爱黑人。"这是否可以作为"以墨为道"的一个佐证？

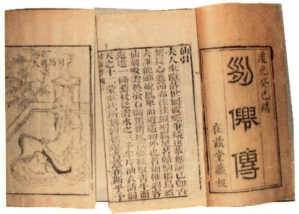

《墨子·经说上》书影

墨子： 完全可以。我把人分成"黑者"与"不黑者"两大类，正像把人分为"素食者"和"肉食者"两大类一样，虽然在理论上是粗糙了一些，但与生活实际是吻合的。我说"止爱黑人"，再鲜明不过地表达了我的立场、观点和爱憎，说这就是我的"道"，也是完全正确的。有人把我列为神仙，说墨者之道术就是神仙术。那是站在道家的立场上理解墨家思想了，在我看来未免多有曲解。

葛洪《列仙传》书影

葛洪，东晋道教学者，著名炼丹家、医药学家，自号"抱朴子"。继《列仙传》之后撰《神仙传》，谓："墨子者名翟，宋人也，仕宋为大夫。外治经典，内修道术，著书十篇，号为《墨子》。"此为魏晋神仙家把墨子列进仙谱的最早记载，而且说墨子之道术来自神仙。清代孙诒让《墨子间诂·墨子传略》案语认为葛洪列墨子为仙有误，所说"著书十篇"也是错的。

《史记》(宋刻本)书影

在您自己看来，把人分为"黑者"和"不黑者"两大类，在理论上是粗糙了一些。其实理论是来源于生活实际的。只要符合生活实际的，就不存在粗糙不粗糙的问题了。您说是不是这样呢？

墨子：你这样一提，我倒越发觉得我的分法有道理了。在夏代，就有"安民则惠，黎民怀之"(《史记·夏本纪》)的说法。意思是，你说你的行为是"安民"，就应给百姓以实惠(好处)，那样百姓是会怀念和感激你的。"黎民"，也就是肤色黧黑之民。这不就与我的说法暗合了吗？在秦代，百姓被称为"黔首"，秦始皇就说过，自己的一切变革，都是为了"振救黔首，周定四极"(《史记·秦始皇本纪》)。这"黔首"之"黔"，其意就是"黑"，以"黔首"作为百姓的代称，不就与我的"墨者"学说暗合了吗？

秦始皇雕像

秦始皇陵铜车马

据《史记·秦始皇本纪》记载，秦始皇在发布的文告中，称百姓为"黔首"的有十余处，有学者认为，从一定意义上说，秦始皇的思想也受到墨者学说的影响。此说不无道理。

上面说了很多，都意在证明您本姓不是墨，"墨"是因为您皮肤黧黑且深爱着同样命运的"黑者"，人们所赋予您的一种并无恶意的谑称。对此，您也欣然接受了。那么，时至今日，还有没有必要弄清您的本姓呢？

墨子：我看没有那个必要了。因为弄清我的本姓，对研究我的学术、思想来说并无意义，两者也毫无联系。那样做，只是徒耗精力罢了。历史上使用谑称、艺名，而将其真实姓名湮没了的，大有人在。20世纪有位京剧大师叫梅兰芳，这也是艺名，除了京剧界中人，又有几人知道他的真实姓名？知不知道他的真实姓名并不重要，重要的是了解他的德、识、才、学。事实上，要弄清我的真实姓氏，现在看来已是不可能的了。与其把精力花在这上面，不如做些别的有益的事为好。

刘勰雕像

刘勰，南北朝官员、学者。虽任多职，但其名不以官显，却以文彰，一部《文心雕龙》奠定了他在中国历史上著名文学理论家的地位。他认为一个人不在于人名形貌，唯有立德立言才是值得书写传世的。他在《文心雕龙》中说："诸子者，入道见志之书。太上立德，其次立言。……墨翟执俭确之教，……墨翟、随巢，意显而语质。"

《文心雕龙》书影

我们知道,您大约从二十二岁起就开始收徒讲学了。您一直被称为"墨子",而您的门徒则被称为"墨者"?您门下弟子有多少? 能否与当时号称"弟子三千"的孔子相比肩呢?

《盐铁论》书影

汉代,儒墨并称,史载:墨子同孔子均有众多弟子。西汉桓宽的《盐铁论·晁错》有云:"淮南、衡山修文学,招四方游士,山东儒墨咸聚于江淮之间,讲议集论,著书数十篇。"

墨子:那太多了。吕不韦说:"孔墨徒属弟子,充满天下。"(《吕氏春秋·尊师》)"孔墨之后学,显荣于天下者众矣,不可胜数。"(《吕氏春秋·当染》)"充满天下""不可胜数"这两个词,把孔、墨两家当时的兴旺景象描写得淋漓尽致。孔子是弟子三千,我的弟子是绝不会少于这个数的。在抵抗楚军进犯、守卫宋城的战役中,我曾说过:"臣之弟子禽滑厘等三百人,已持臣守圉之器,在宋城上而待楚寇矣。虽杀臣,不能绝也。"(《公输》)在一次大的战役中,我墨翟能一下子调动三百弟子,那我的弟子十倍于这个数字,也就是与孔子一样"弟子三千"是不成问题的。

守卫宋城模拟场景(墨子纪念馆)

墨學源流

方授楚著

中華書局印行

有一位名为方授楚的学者，著有一部《墨学源流》。书中说："墨家弟子比起孔家弟子来，人数还要众多，学派也更兴旺。"您觉得他说得有道理吗？

墨子：我看很有道理。因为我的弟子来自社会底层，也就是来自"贱民"阶层。要知道，"贱民"是一个多么大的人群，而且往往和特殊职业有关，后学者有诸多论述，如经君健的《清代社会的贱民等级》也论及了我所在时代的"贱民"。在当时，至少有百分之八十以上的人属于这个阶层，因此从学派的社会基础角度看，墨学要比儒学更广阔些。"贱民"虽居于社会底层，但"平民向学之心亦灼，故学风尤盛也"（《墨学源流》）。他们到我这里来学知识、学技能、学本领的热忱，是大大出乎一般人的意料的。

《墨学源流》书影

方授楚在《墨学源流》中说："予自弱冠读章太炎、梁任公、谭复生诸人著作，见其时时称道墨义，窃私心好之。"方授楚是民国时期赞叹墨学"尚质而不文"最有力的学者。该书对"墨子是印度人"及"墨子是阿拉伯人"等说法作了有力批驳。

《清代社会的贱民等级》（中国人民大学出版社出版）书影

《中国墨学通史》（人民出版社出版）书影

《中国墨学通史》作者郑杰文认为，对于汉代的"视墨同儒"，对于唐宋以来的"儒墨为用"以及魏晋以至宋元间的"学术争用"，都是将墨学与中国学术整体框架综合在一起研究的结果。墨子曾经"学儒者之业，受孔子之术"，而且自墨学兴盛之始，"儒墨相与辩"的历程就开始了。作为"显学"，墨学在汉代"综合学术"背景之下仍有重要的地位，"兼儒墨"为其学术特征。

《中国墨学通史》（人民出版社出版）书影

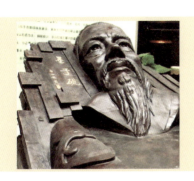

既然墨家弟子的人数比孔家弟子更众，那么为何现存的文字资料中，孔家弟子远远多于墨家弟子呢？

墨子砚

墨子： 文字资料的多寡，与门生弟子的多寡不一定成正比。造成这种现象有多方面的原因。司马迁的《史记》一书应该说起了很大的作用。《史记》为二十四史之首，人们了解汉代以前的历史主要是靠《史记》。司马迁在对待儒、墨两家的态度上是有偏颇的，他取的是扬儒抑墨的态度。在《史记》中，有《孔子世家》，有《仲尼弟子列传》，有《孟子荀卿列传》，这样不只道出了儒家的"源"，还生动具体地描画出了儒家的"流"。孔子弟子有名有姓的就列出了五六十人。而墨家的待遇就大不相同了。在《史记》中，既没有我的专传，也没有弟子传，很多资料就此湮没不彰了。更为不妥的是，把我的小传放在《孟子荀卿列传》的末尾，太史公明明知道我们不是一家子人，却把我与儒家人物放在一起，不知是何道理。那小传是："盖墨翟，宋之大夫，善守御，为节用，或曰并孔子时，或曰在其后。"（《孟子荀卿列传》）总共只有二十四字，真是惜墨如金。

有人统计，在洋洋五十二万余言的巨著《史记》中，提到我的有九次，但都是片言只语，加起来一共只有五十余字。孙诒让先生作《墨学传授考》时，多有感叹："彼勤生薄死，以赴天下之急，而姓名渐灭，与草木同尽者，殆不知凡几。"之所以造成这种局面，司马迁要负一定的历史性责任。如果他在写《史记》时多留意一点我和我的弟子的行状史迹（应当说当时关于墨学的资料是相当多的），这种"姓名渐灭，与草木同尽"的现象就不会出现，后世子孙也可从中获取多少思想的养料！这对墨家来说，当然是极为不公的，也是极为可悲的！但是历史是不可复制的，既已如此，又有什么办法呢？

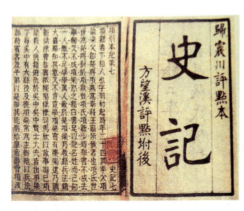

《史记》书影

您前面说到，您的门徒与别人的不同，都来自社会底层，都是"墨者"，可以对此作点解说吗？

墨子：的确，我的门徒都是墨者。这些墨者中有相当一部分像我一样是出身于手工业者之家的。比如，我的一名弟子叫做禽滑厘。他原先是个很不错的工匠，在家学得了一手好手艺，后来投到我的门下，"事子墨子三年，手足胼胝，面目黧黑，役身给使"（《备梯》），尤其学得了攻城守备之术。像这样以技艺见长的弟子多的是。俗语说："鲁班门前抡斧斤。"鲁班技艺高超不容置疑，后人尊其为"匠圣"，设坛敬拜，而我的有些门徒会让鲁班本人也自叹弗如。在与鲁班的一次对阵中，我们的技艺不是还高出他一筹么？有人说以我为首的这个学派代表了手工业劳动者的利益和意向，虽说得不够全面，但也有一定的道理。

《墨子·备梯》书影

《墨子》一书中有七篇文稿是以"备"字打头的，依次为《备城门》《备高临》《备梯》《备水》《备突》《备穴》《备蛾傅》。《备梯》一文的主旨是"守道"，为七篇"备"字号文稿中最重要的一篇。

鲁班祠

听说您的门徒中还有相当一部分是中下层的武士。他们是职业军人，但也加入了墨家的行列。这些人的数量似乎还不少，您能解说一下吗？

王焕镳像

王焕镳，又名驾吾，号觉吾，著名文史学家，著有《墨子集诂》《墨子校释》等。他对墨学中的"兼""别"观念特别感兴趣，说："综观墨子学说思想，其中心内容是崇尚'兼'而反对'别'。所谓'兼'，就是要视人如己；所谓'别'，就是人不关己。由此而倡导'兼爱''兼相爱'，反对'兼相恶、交相贼'。"（《墨子校释》）

墨子：我重攻守之道，因此，墨家组织必须吸收大量的武士参加。说职业军人加入了我的队伍，这只是一方面。更全面地说，习武是墨者的本色。后世的王焕镳先生说得对："墨家既是一个学派组织，又是一个武装团体。"（《墨子校释》）因为是学派组织，它有鲜明的学术主张和观点；因为是武装团体，拉起来人人都能战斗。墨家的成员个个都是英勇、善战、无私的，甚至不惜献出自己的生命。

在《鲁问》中有这样一则故事：有一个鲁国人将儿子交给我，跟我学习，结果在一次战斗中他的儿子战死了。他就来责问我："我把孩子交给你，是来学习的，怎么就死了呢？"我回答他："你让孩子学的是墨学啊，学墨学就要会打仗，就要准备献身。要学墨学，又怕死，那太荒谬了。"当父亲的被我这么一说，低着头走了。当然后来我去抚慰了这位老父。勇于献身和抚慰亡者家属并不矛盾。《淮南子·泰族训》中说："墨子服役者百八十人，皆可使赴火蹈刃，死不旋踵。"这不是虚言。有人以为，后世的武侠是墨家的余脉，这是有道理的。

《墨子·鲁问》书影

据我们所知,墨家弟子中有相当一部分人被人们视为"贱人",他们有的来自无业者阶层,有的是社会上的浪人,还有的是放浪形骸的无赖少年。您把这些人收入墨家组织,要改造他们,容易吗?

墨子: 这些人原先为社会所鄙视,放任他们对社会危害甚大。我收留他们,实际上就是"再造"其人。有个叫何高的孩子,是齐国人,"初为暴者,指于乡曲",名声不好,人家都怕他。我把他收了进来,进行教育,后来他成了"天下名士显人"(《吕氏春秋·尊师》)。至于那个管黔敖,是个流浪儿,路旁的乞食者,我也将他收留下来,后来不也成了我出道的弟子吗?我唯一的教法就是以禹为榜样,由巨子带教,代代相传。

墨子雕像

墨子很敬佩大禹,赞美大禹为大圣人,要墨者皆效法大禹为民众辛勤治水的伟大精神。

《汉书》书影

班固在《汉书·艺文志》中著录《墨子》七十一篇",今存五十三篇,盖多为门人弟子所述。这些弟子有些是"贱人",后被教育成有作为而又节俭的墨者。《汉书·艺文志》据刘向《别录》曰:"墨家者流,盖出于清庙之守。茅屋采椽,是以贵俭……"

收留社会闲散人士，化"害"为"利"，似乎成了墨家的一种传统。您的再传弟子中，也有不少原先是社会公害型的人物，后来改邪归正了，是不是这样？

墨子雕像

墨子：是这样的，这也可以理解为"以墨为道"的一种形态吧！有一个叫索卢参的年轻人，为害社会，被称为"东方之巨狡"。我的名弟子禽滑厘大胆收留了他，尽心尽力对他进行教育，结果使其成为"天下名士显人"。还有个叫屈将子的孩子，自以为有"勇"，到处捣乱，我的学生胡非子把他收为徒弟，"为言五勇"，就是给他讲"勇"的五个方面，使他真正懂得了"勇"的真谛，结果他也成了人人称善的好少年。墨家的人格再造功能是十分明显的。有人说，孔墨同源，可墨超儒术，此言非虚。

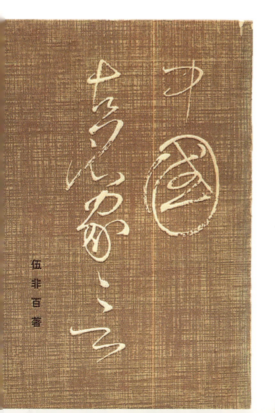

伍非百《中国古名家言》（中国社会科学出版社出版）书影

伍非百，哲学家、逻辑史家。他先后写成《墨子辩经解》《大小取辛句分》《尹文子略注》《公孙龙子发微》等，总称为《中国古名家言》。伍非百说："孔、墨同出一源，墨子有取于孔，乃系史实。"

耕柱是您的得意门生，不过，他老是挨您的责骂。耕柱觉得自己真是非常委屈，因为在众多门生之中，大家公认耕柱是最优秀的人。常遭到您指责，让他感到非常尴尬，没有面子。您为什么要这样对待耕柱？

《墨子·耕柱》书影

墨子：这正是耕柱向我提的问题。有一次他问我："老师，难道在这么多学生当中，我竟是如此的差劲，以致要时常遭您老人家责骂吗？"我听后便问他："假设我现在要上太行山，依你看，我应该要用良马来拉车，还是用老牛来拖车？"耕柱回答很干脆："再笨的人也知道要用良马来拉车。"我又反问："那么，为什么不用老牛呢？"耕柱回答说："理由非常简单，因为良马足以担负重任，值得驱遣。"我说："我亦以子为足以责。"其意是说，我之所以时常责骂你，也只因为你能够担负重任，值得我一再地教导与匡正。这一点，我倒像孔子教颜回那样，既严格，又循循善诱。

三圣图（明代前期作品，现藏曲阜孔府）

图正中为孔子，弟子颜回、曾参侍立两侧，老师教导、弟子倾听之态极为传神。三人衣服上满书小楷，内容为《论语》。由该图可以想见同为显学的墨家的师弟关系。

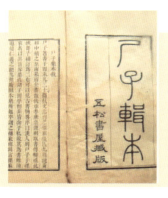

一个民间的社会组织，不管宗旨如何，有何学术主张，经常无法回避一个问题，那就是怎样教育好下一代人，怎样造福于社会。墨家在这方面似乎做得特别出色，而这方面的总结工作还很不够，是不是？

《尸子》书影

据班固记载，尸子名佼，鲁国人，是商鞅的师傅。《汉书·艺文志》列尸佼为杂家。尸佼认为诸子各有所偏，他在《尸子·广泽篇》说："墨子贵兼，孔子贵公……"故尸子的思想，融合了儒、墨、道、法各家之所长。

至圣先师孔子（唐代吴道子画）

根据司马迁的说法，孔、墨二子很可能是"并时"的两位文化巨人。

墨子：我要纠正你的说法，应该说：教育下一代人，造福社会，这件事不只墨家做得很出色，儒家、道家、法家都注意到了这个问题，而且也做了不少工作。《论语·述而》中记载：孔子进入"互乡"，把那里有不良习惯的孩子改造过来，这件事引起了部分弟子的不满。后来孔子对弟子做了工作，大家才明白了孔子的良苦用心。故事十分生动，也十分有趣。

《论语·述而》书影

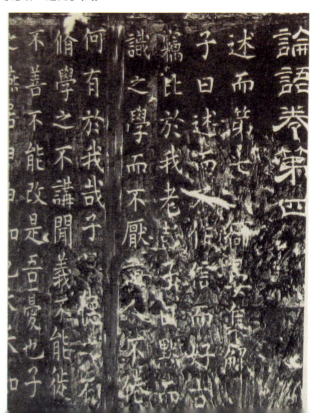

在先生去世两千余年后，山东滕州市（古代鲁地）举办了首届墨学国际研讨会，确认滕州为先生的故乡，并在那里竖立了"墨子诞生地"碑。但是，现今对先生的出生地还有种种说法，归纳了一下，大致上有三种说法：一是楚人说；二是宋人说；三是鲁人说。三种说法各有一些依据，是不是这样？

"墨子纪念馆"横匾

墨子：出生地问题，我是并不重视的。我在《经说上》中说："东西家北南。"对墨家人来说，"家"居于中，是人生的出发点，而"生"的行走是东、南、西、北，那是最重要的，但是，故乡问题既然被学者们提出来了，议一议又何妨！

墨子纪念馆外景

先谈谈"楚人说"吧！《淮南子·氾论训》中说："总邹鲁之儒墨，通先圣之遗教。"《淮南子》由汉武帝时代的淮南王刘安主持编著，称儒墨为"先圣"是对的。但所说的"邹鲁"在哪里呢？说不准。后来毕沅在《墨子集注》中把"邹鲁"释为楚之鲁阳。这样岂不就将孔墨都说成了楚人？如此解读对吗？

毕沅像

毕沅，清代经史学家、文学家。撰有《墨子集注》，直接指明诽墨始于孟子，认为《墨子》作为一种古代典籍，"不可忽也"。他首先提出《墨子》在兵学上的价值不可低估，说："《墨子》一书，通达经权，不可訾议。《备城门》一篇，乃古兵家言，有实用。"（《墨子注序》）

墨子： 这种解读不可信。我在《墨子》一书中虽未明言自己的出生地，但字里行间还是可见端倪的。《贵义》篇称："子墨子南游于楚，见楚献惠王。"如果我从鲁阳出发，"南游"仍为楚地，就不当说"游于楚"，而应写楚的某个具体地址。只有从北地出发，方可称"南游于楚"。可以假设一下，如果我是生于楚国的鲁阳，那么就不是去游老家，而应该是"南归于楚"。应该说，墨者的治学态度是严谨的，绝不会把"游"与"归"的含义弄混。我在同一篇章中又说："子墨子南游使卫。"这就更清楚了。如果从鲁阳出发，卫在其北方，该是北游了。不过，毕氏是历史上提出《墨子》在兵学上的价值不可低估的第一人。

《墨子集诂》（上海古籍出版社出版）书影

25

《史记》有"墨翟，宋之大夫"的说法，《汉书》又沿袭其说。由此，一些人推定先生是宋人无疑了。这种推断靠得住吗？

墨子：靠不住。理由是：其一，我一生没当过一天任何意义上的官员，因此，"宋大夫"云云，纯属子虚乌有。也许，太史公说我是"大夫"，只是一种对有一定成就的士人的尊称，并不是真的说我在宋地做了什么大夫级的官员，正像后人被称呼为"先生"，其实，其人并不一定是教书先生一样。其二，在春秋战国时期，即使在宋国为官，也不能排除他是其他国别的人的可能。在《公输》篇中有一段话说："子墨子归，过宋，天雨，庇其闾中，守闾者不内也。"这里清楚地告诉人们：我所"归"的母国不在宋，"宋"只是过境地而已。宋国的守闾人看到我这个"老外"，理都不理我，连躲雨都不让入内，这都证明我不是宋国人。对于宋人之说，后世大学者梁启超也在《墨子学案》中加以驳斥，他引用《公输》中关于墨子"归而过宋"的说法，力证我并非宋人。

班固像

班固，东汉史学家、文学家。史学家班彪之子。潜心二十余年，修成《汉书》。他所说的"墨家推兼爱之意，而不知别亲疏"（《汉书·艺文志》），反映了当时人们对墨学的通识。

梁启超《饮冰室合集》（中华书局出版）书影

梁启超，"少而好墨"，自称"墨学狂"。自号"任公"，取墨者任侠之义。在他眼中，墨子才是中国真正的圣人。著有《饮冰室合集》。他说："中国今欲救之，厥唯墨子。假使今日中国有墨子，则中国可救。"（《墨子微》）

在《墨子》的《鲁问》篇中有一段话:"鲁之南鄙,有吴虑者,冬陶夏耕,自比于舜。子墨子闻而见之。"这段看来平平淡淡的话,似乎足以证明您是鲁国人,是不是?

"舜帝陵"匾

舜,传说中的上古帝王,为墨子尊崇的贤明君主。在《鲁问》中出现"吴虑自比于舜"的故事,说明在墨子及其弟子心目中舜是具有实际价值的古圣人。

墨子:的确,这是一个很好的证明。"鲁之南鄙",就是鲁国国都的南郊。我听说南郊有个自比为舜的异人,就赶去看望他。我一直十分尊崇舜帝,有人敢自比于舜,那我一定要去看一看。这段话说明我是住在鲁国的国都的,不然,怎么可能听闻居住在"南鄙"的吴虑其人呢? 不然,又怎么可能很快"见之"呢? 另外,有史料说:"公输般为高云梯,欲以攻宋,墨子闻之,自鲁往……见荆王曰:'臣北方之鄙人也。'"(《吕氏春秋·爱类》)"自鲁往",清楚地说明我是常住在鲁国的。今人把原属鲁地的滕州定为我的诞生地,比较可靠。

舜帝雕像

《吕氏春秋·爱类》书影

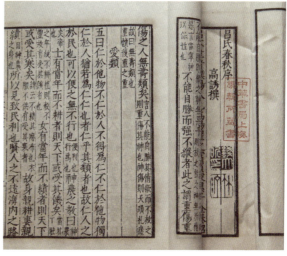

读您的《墨子》一书，发觉您在文中多次提到用鲁国方言写就的《春秋》一书，并且赞赏有加，这能不能看成是您的一种故土情结呢？

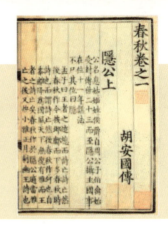

《春秋》书影

墨子：完全可以这样理解。但是，我不只读《春秋》，还读《诗经》，读《尚书》，读《礼记》，读《乐经》，这在我的《墨子》一书中都有引述。我不只读鲁国之《春秋》，还读其他国家的《春秋》，在《墨子》中我就说过"吾见百国《春秋》"这样的话。但是，我最爱读的还是孔子整理的鲁之《春秋》。原因有两点：其一，这部书比较完整地反映和保存了华夏的古典礼乐文化。孔子整理的《春秋》记载了那么多的征战、会盟、访聘，其本质上是反战的，这一点与我墨家的观点暗合。其二，正如人们所说，我爱读《春秋》，体现了一种故土情结，故土人们的言辞以及思想表述方式，都是自己最能接受的，这样的情怀，也可以进一步证实我是鲁之滕州人。

《退修诗书》（选自明彩绘绢本《圣迹之图》）

图说孔子四十二岁时，鲁昭公去世，鲁定公立，大夫季孙氏凌驾于国君之上。孔子不满当局又不愿为官，潜心修订《诗》《书》《礼》《乐》，教授弟子，众至三千。孔子晚年退而修诗书，专心于著述，墨子也一样。不少学者考证说，墨子与孔子一样是长寿的，在七十岁以后，大部分精力集中在著述上。

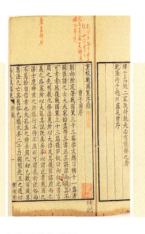

世界上趣事无穷，与先生的籍贯问题相关，还有一个先生讲何种语言的问题。先生在《经下》中说："通意后对，说在不知其谁谓也。"这里的"通意"，可以解释为"翻译"。全句的意思是：只有通过翻译，才能互相对话，不然对方讲些什么也听不懂。有人由此说，墨子与人对话，要用翻译，这不是证明墨子说的是"域外之语"吗？先生，这样解释您能认同吗？

墨子：这是一种不切实际的推论。问题在于：是否一定得讲"域外之语"才可用翻译？在古代，交通不便、语言不通是常有的事，就是同一地域，翻一座山，越一座岭，语言也会迥异。《战国策·秦策》中有一则故事："郑人谓玉未理者为璞，周人谓鼠未腊者为璞，周人怀璞谓郑贾曰：'欲买璞乎？'郑贾曰：'欲之。'出其璞视之，乃鼠也。因谢不取。"周、郑都在今河南境内，尚且语言不通，况东南西北更广阔的地域乎？所以不能因为他人方言极重，需要"翻译"，就说他是"域外之人"！

《战国策》书影

《战国策》，又名《国策》，相传是西汉末年刘向根据战国史书编辑的，分为东周、西周、秦、齐、楚、赵、魏、韩、燕、宋、卫、中山十二策。

刘向像及《战国策》书影

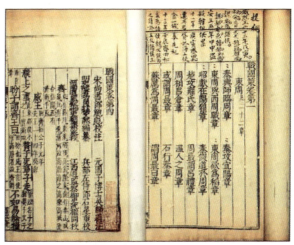

二八问墨子

学术界有关墨子故里的说法众多，会引出种种复杂的说法，其原因一是与对史料的认知不同有关，还有一点大家容易忽视，那就是同一地点在不同时期的版图归属不同，由此引出种种说法。您看是不是这样？

墨子：在历史大变动时期，同一地点在不同时期的版图归属不同，是常有的事。对我的出生地，虽然说法不同，但是都有一个共同点，就是墨翟是出生于小邾国。小邾国，古又称为郳国。据史料记载，小邾国一度沦为春秋战国时期各大诸侯国的附属国。春秋早期和中期，小邾国是宋国的附属国，因此，有人认为我应该是宋国人。而到了春秋末年，小邾国又被鲁国所取，于是后来有学者称，墨翟应该为鲁国人。到了战国时期，齐国的强大又迫使小邾国的国君向齐国归附献表，所谓的"齐人说"也因此流传于学界。虽然历经了多个诸侯大国的统治，但是小邾国的地理位置却始终不变，就在滕州附近。历朝历代的史料中，也皆认可小邾国在滕州附近。学者张知寒据童书业"墨子为滕县人"之说，进行了多年的考证，认为墨翟是滕州人。这一结论随后被提交到了墨学国际研讨会上，受到大部分学者的认可。

张知寒像

张知寒，山东大学历史文化学院教授，中国墨子学会副会长兼秘书长，被誉为"墨家传人""富有墨子精神的传奇人物"。

墨子纪念馆一角

先生的生卒年代，也可说是千古之谜。太史公在《史记》中含糊其辞地写下"或曰并孔子时，或曰在其后"（《史记·孟子荀卿列传》）一语，这就苦煞了后代学人，考证又考证，总是不得其解。先生可否给我们一个大致的答案？

司马迁像

儒学愈传愈盛，墨学则被黜而日渐式微。汉武帝罢黜百家，独尊儒术，虽曾广收秦火以后遗书，但却将诸子之书藏于秘府，加以禁锢。司马迁对先秦诸子若老子、庄子、韩非子、苏秦、张仪、孙膑、吴起、吕不韦皆为列传，唯独于墨子则仅在《史记·孟子荀卿列传》末附缀数语曰："盖墨翟，宋之大夫，善守御，为节用，或曰并孔子时，或曰在其后。"

墨子： 这个大致的答案，其实司马迁已经给了。在我们那个时代，详尽的生卒年月没有后世那样看重，只要有一个大致的数据就可以了。常常是找一个参照物，根据参照物来确定大致的年岁。孔子的名气很大，司马迁就将孔子作为我的参照物。孔子生于公元前551年，卒于公元前479年。司马迁说我"或曰并孔子时，或曰在其后"，那么，我大概的生卒年代也该有了，就是公元前五六世纪吧！

刘汝霖《周秦诸子考》书影

刘汝霖，著名学者，他对墨子的生平作了一番考察后，认定墨子"享年八十一岁"。（《墨子年谱》）

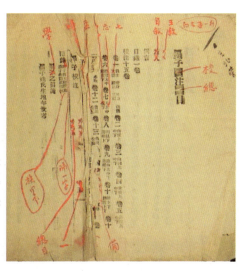

吴毓江《墨子校注》手迹

吴毓江，学者，以治墨学著名，代表作有《墨子校注》十五卷，他认为墨子享年七十六岁至八十三岁。

能不能提供比司马迁说得更具体，也更有说服力的数据？"阅其文，知其人。"在您留下的《墨子》一书中会有您生平的蛛丝马迹吗？

墨子： 这倒是个好办法。在我的《墨子》一书中，大量记述了楚惠王在位时的事。楚惠王在位时间是从周敬王三十二年（公元前488年）到周考王九年（公元前432年）。据此推算，那么"或曰并孔子时"这一条就可以排除，因为楚惠王元年也比孔子出生晚了近百年，孔墨不可能并世，那是肯定的。而"或曰在其后"这一条则可以成立。可以肯定，我进入社会领域活动时，孔子已经去世，但两者之间相隔时间不长。另外，我的活动时间当在荀况之前，荀氏对我有一些合理的评说。

荀子像

荀子，著名思想家、文学家、政治家，儒家代表人物之一，时人尊称"荀卿"。曾三次出任齐国稷下学宫的祭酒，他提倡"性恶论"，与孟子的"性善论"相悖。他比墨子晚生一百多年，对墨学的评价并不高，认为："礼乐灭息，圣人隐伏，墨术行。"（《荀子·成相》）还说："其持之有故，其言之成理，足以欺惑愚众，是墨翟、宋钘也。"（《荀子·非十二子》）

《荀子》书影

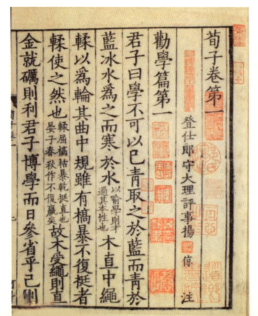

荀子墓

由于史料奇缺，要把您的生卒年代确定下来，实在不易。好在历代的史家做了许多考据工作，对您的经历，已取得了基本一致的意见。对此，先生有何高见？

张衡像

张衡，东汉时期伟大的天文学家、数学家、发明家、地理学家。他认为墨子是与子思同时代的人。据《后汉书·张衡传》载："张衡《奏书》：公输般与墨翟并当子思时，出仲尼后也。"

墨子：说实话，如果没有历代史家穷年累月的探究，这么久远的事，我自己也说不上来了。学者在考据我的生卒年代上的成果应该说是巨大的。第一个取得突破性成果的是东汉的张衡，他说："墨翟并当子思时，出仲尼后也。"（《后汉书·张衡传》注）子思即孔伋，为孔子之孙。其人生于公元前483年，卒于公元前402年。《耕柱》篇中有"子夏之徒问于子墨子"语，看来当时儒墨互学是常事。我当与孔子的子辈或孙辈人物并世。再与《墨子》一书中史事对照，我的生卒年代大致就可定下来了。其中孙诒让所作的《墨子年表》最具权威性。他认为，生于孔子卒后十年的公元前468年，卒于公元前376年。二十多岁后，周游列国。二十八九岁时，开始与楚惠王接触。到三十五六岁时，墨学成为显学。六十岁那年，被受齐国武力威胁急求解决之道的鲁国国君召见。我提出著名的三对策：一是"尊天事鬼"；二是"遍礼四邻诸侯"；三是"爱利百姓"。这时，我的思想也已经成熟。六十六岁那年，发生了震动列国的拒楚救宋事件。我动员三百弟子与楚大军对阵，最终使楚不敢攻宋。八十三岁那年，我还到过齐国，对齐太公晓以非攻之理。

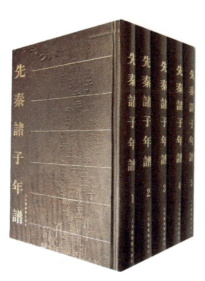

《先秦诸子年谱》（北京图书馆出版社出版）书影

后人对您的学说多有评议。其中有人抱着激烈的态度批评您说:"墨子是完全的反革命派,他整个儿是在为'王公大人'和'士君子'说话。"(郭沫若《中国古代社会研究》)证据呢? 据说是有的,那就是您在《墨子》一书中对列国统治者高呼"王公大人"的有六十七次之多,这不是在拍统治者的马屁吗? 对这种批评,您有什么话要说?

墨子:"王公大人"云云,只是一种社会习惯用语,正如你们在生活中使用"先生""女士"来称呼一样,不存在拍什么人马屁的问题。我在使用"王公大人"这个词时,有时是语带讥讽,更多的是规劝和批评。反对攻战,是我的一个基本理念,为此,我在《非攻下》篇中严正地指出:"今且天下之王公大人士君子,中情将欲求兴天下之利,除天下之害,当若繁为攻伐,此实天下之巨害也。"这是拍马屁吗?后人方授楚在《墨学源流》中说得好,这不是拍马屁,这是耐心的规劝,规劝中带着批评和斥骂。的确,我是在说,你们这些号称为"王公大人"的人啊,嘴上一再说要为天下兴利、为天下除害,可是,你们热衷于连年征战,实际上你们自身就是"天下之巨害"的制造者! 这种批判和揭露可以说是入木三分,大快人心的,怎么会是"完全的反革命"呢?

郭沫若像

郭沫若,著名学者、文学家、革命家和社会活动家。郭沫若认为《韩非子·显学》中说到墨子死后墨家分成若干派,而且相互斗争不已。这是争夺墨家正宗的斗争。所谓"相谓别墨",就是指责对方是旁门邪道;所谓"自谓真墨",就是标榜自己是墨家的正宗。这种斗争,从一个侧面说明当时墨学还是很有生命力的。

《墨子·非攻下》书影

后世也有不少人是对您的作为和学说予以充分肯定的，其中有一位杜国庠先生，对您的评价更是高到了极致。他说："在先秦诸子中，只有墨子是革命的。""他接近农与工肆之人，也代表了他们的利益。"（蔡尚思《十家论墨》）听到这样的评价，您一定会感到特别高兴吧？

蔡尚思像

蔡尚思，著名历史学家、中国思想史研究专家。他把墨子归为在野士人的代表，说："孔墨两家分别代表朝野双方。墨子无论在中国、在世界都是为民众的古代第一伟大思想家，同时也是最早的科学技术家。""中国出了一个墨子，是最值得中国人骄傲的！"还说："墨子创立了艰苦力行、求真理、爱和平、有组织、有纲领的学派。"（《墨子思想要论》）

墨子：也不见得。说我的学说有进步意义，我欣然接受，说我的学说是革命的，而且是先秦诸子中唯一革命的，那我就有点诚惶诚恐了。在中国传统文化中，"革命"一语有着严格的内涵和界定，《周易》的六十四卦中专门列有《革卦》，说："天地革而四时成。汤武革命，顺乎天而应乎人。革之时义大矣哉！"这样看来，革命是改天换地、改朝换代的大举措，最典型的就是汤武革命。我的理论还没有那样伟大，在先秦诸子中，说只有我的理论是革命的，实不敢当。

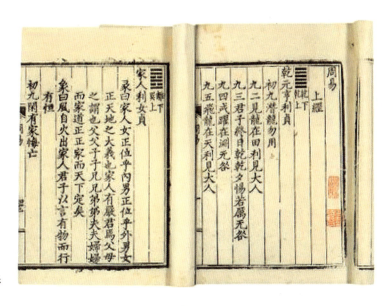

《周易》书影

研习老子和道家的专家，把"有"说成是从"无"中产生的，还认为这代表老子思想与现代科学物质观和宇宙生成论有相通之处。老子认为物质的本原是"有生于无"，"天下万物生于有，有生于无"（《老子·第四十章》）。而您首先站出来反对老子的这一思想，提出了万物始于"有"的主张。其根据是什么？

墨子： 我是从客观实际出发的。一般来说，　　　　　《老子》书影
"无"有两种：一种是过去存在过而现在没有了，
如某种灭绝的飞禽，不能因其已不存在而否定其曾
为"有"；一种是从来没有存在过的事物，如天塌陷的事，这是本来就不存在的"无"。本来就不存在的"无"不会生"有"，本来存在后来不存在的更不是"有"生于"无"。由此可见，"有"是客观存在的。从物质的属性也可说明，如果没有石头，就不会知道石头的坚硬和颜色；如果没有日和火，就不会知道热。孟子曾在《梁惠王上》篇中说了一个"缘木求鱼"的故事，在我的《大取》篇中也讲了这个故事，我的解答是："渔之舞（无），求非也。"意思是说，爬到树上去找鱼，追求的目标是错的！树上根本没鱼（无），你偏要去求，当然是"求非也"了。

老子像

在老、孔、墨三者的生年上，学界的通识是：老子最早，孔子次之，墨子又次之，而三人生年间距也不过数十年（不到百年）。因此，道、儒、墨三字之间的相互吸收和相互批评是十分正常的事。墨子对老子"有""无"观的批判就是一例。

《墨子·小取》书影

您是一位好辩者。有的学者认为，您的辩论与众不同，技巧高超，既不像孟子那样气势奔放、咄咄逼人，也不像庄子那样纵横跌宕、变幻莫测，而是朴实无华、推理严密。您多次与儒家弟子巫马子进行辩论。有一天，巫马子对您说："你行义，没见有人帮助人，也没见'鬼神'赐福给你。但你还在做，你有疯病？"对此，您怎么回敬他？

墨子：是的，我的辩论朴实无华、推理严密。应该说是讲科学、重事实，有理有据。"夫辩者，将以明是非之分，审治乱之纪，明同异之处，察名实之理，处利害，决嫌疑。"（《小取》）以辨别同异、明是非，形成独特的"墨辩学"。就说与巫马子之辩，我问他："假若你有两个家臣，一个表里不一，一个表里如一，你看重哪个？"巫马子连忙说："我看重后者！"我说："既然你看重后者，那你也看重有疯病的人。"

庄子雕像

庄子对墨子赞赏有加，说："其生也勤，其死也薄，其道大觳（音'确'），使人忧，使人悲，其行难为也。恐其不可以为圣人之道，反天下之心，天下不堪。墨子虽能独任，奈天下何？"（《庄子·天下》）

公孟子多次与您讨论学术、人生等问题。有一次，公孟子头戴礼帽，腰间插笏，穿戴儒者服饰来见您，问服饰与行为有何联系，您是怎样回答公孟子的？

墨子： 回答的过程，《墨子》里都有记载。当时，《墨子·公孟》书影
我只是说："从前齐桓公、晋文公、楚庄王、越王勾践四位国君，服饰好孬贵贱不同，但作为却一样。"齐桓公习惯戴着巍峨的高帽子，系着宽大的腰带，佩带宝剑木盾威风凛凛地治国；晋文公却穿着粗布衣服，披着普通的母羊皮外衣上朝；楚庄王戴着鲜艳的王冠，系着华美的丝带，穿着大红长袍出现在众大臣面前；越王勾践剪短发，身上刺着花纹，穿着半新不旧的服装奔走于各方。他们穿着喜好不同，但同样都把国家治理好了。最后，我告诉公孟子："可见，有作为不在于服饰。"

齐桓公雕像（上左）、晋文公雕像（上右）、楚庄王公子编钟（下左）、越王勾践剑（下右）

齐桓公即位于前685年，晋文公即位于前636年，楚庄王即位于前613年，越王勾践即位于前496年，都是春秋时期最风云一时的人物，他们成了《墨子》一书中的思想资料。

您在中国逻辑史上第一次提出了"辩""类""故"等逻辑概念，并要求将"辩"作为一种专门知识来学习，所以可以说您是中国古代逻辑思想的开拓者，是吗？

高亨像及《墨经校诠》书影

高亨，当代著名的古文字学家、研究先秦文化史的著名学者、古籍校勘考据专家。在《高亨著作集林》中收有《墨子新笺》《墨经校诠》等，他认为墨子是中国古代逻辑思想的开拓者。

墨子：不敢当，只能说我是"中国古代逻辑思想的开拓者"之一。之所以说是"之一"，是因为在百家争鸣时代，运用逻辑方法辩论的显然不止我一人。我比较自觉地、大量地运用了逻辑推论的方法，以建立或论证自己的政治、伦理思想。我的"辩"虽然统指辩论技术，却是建立在知类（事物之类）明故（根据、理由）基础上的，因而属于逻辑类推或论证的范畴。我还运用类推的方法揭示对方的矛盾之处。由于我的倡导和启蒙，墨家形成了重视逻辑的传统，并由后期墨家建立了中国古代逻辑学的第一个体系。值得一提的是，《晋书》有载：西晋的鲁胜最早为《墨经》作注，使墨学得以流传后世。

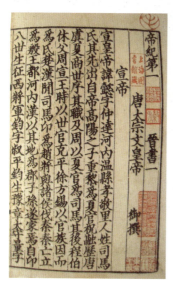

《晋书》（宋刻本，现存上海图书馆）

鲁胜，西晋人，在《晋书》中有其事迹介绍，当过朝廷的著作郎，是当时的饱学之士。他撰《墨辩注》，在中国历史上最早为《墨经》作注，第一次提出振兴墨学的口号。他说："其或兴微继绝者，亦有乐乎此也！"在《墨辩注》中，他还曾大声疾呼，希望有人能站出来高举墨学大旗。鲁胜于墨学可谓功莫大焉，如果没有鲁胜，也许墨子的学说就不会流传下来。

在您与儒家之徒的辩论中，有一个很重大的命题，叫做"君子若钟"。这是儒家之徒提出来的，认为君子不应随便"鸣"，要像钟一样，别人需要他鸣时就鸣，别人不需要他鸣时就不鸣，即所谓"叩则鸣，不叩则不鸣"。您是怎样予以反驳的？

墨子：我的回答运用"类"这一逻辑概念。我认为，人是人，钟是钟，两者之间有一些共同的东西，但由于"类"不同，也有不少不同的东西，不可随意类比。钟的确只有在叩时鸣，但人是有责任心和主动精神的，有时"叩"而"鸣"，有时可以"不叩"而"鸣"。国家发生动乱了，大国要侵略小国了，作为君子，你能像钟那样"不叩不鸣"吗？完全不应那样。"君子虽不叩，必鸣者也"（《公孟》）。

《晋书》书影

《晋书》说鲁胜"著述为世所称"，留有《墨辩注序》，全文约三百字。鲁胜首创"墨辩"之名，把《墨经》叫做《辩经》。近世把逻辑学称为"辩学"，源盖出于此。唐人修《晋书》，为其立传，在中国哲学史上，只要提到墨子、提到名家，也无不提到鲁胜。

曾侯乙编钟

钟是古代社会重要的乐器。儒家和墨家都在"钟"字上做足了文章，墨子"不叩而鸣"的思想具有独创性。

《墨子·非儒》书影

孔子铜像

有的学者认为墨学和孔学针锋相对，您在《非儒》篇中对儒家进行了集中的攻击。范文澜先生在《中国通史》中就认为，墨与儒是两个对立学派，显著地表现了士与庶民不同的社会地位。可否认为您和荀子站在同样的一个立场上来攻击儒家？

墨子：有所同有所不同，我同儒家有不少对立的情状，如儒家主张亲亲有术（等差），尊贤有等，严格区别亲疏尊卑，我不反对等级，但反对儒家所说的等级，主张兼爱、节葬、尚贤、尚同；儒家主张有命在天，寿、夭、贫、富，安、危、治、乱都是不可改变的天命，我反对宿命论，《天志》《明鬼》《非命》三篇说：天欲义（善政）而恶不义（乱政），鬼神赏贤而罚暴，命是暴王（亡国之君）所作，穷人（怠惰人）所述；儒家主张繁饰礼乐，教富贵人靡费财物，自己分肥得食，我反对不劳而食，主张节葬、非乐，斥儒者"贪于饮食，惰于作务"等等。墨家同儒家有许多对立的地方。不过，我攻击儒家，虽然与荀子痛斥儒家有很多相同之处，但是有着本质的差别，荀子是痛斥七十子后学，而我则是直接批判儒家创始人孔子。

如果有人评价说,您在许多方面超越了孔子、孟子,比孔、孟等公认的圣贤还要高明些,您以为如何?

孔子(左)、孟子(右)像

墨子:我是学习先圣先贤,同时又不迷信这些先圣先贤。我看到了这些人身上的光环,同时又看到了他们身上的诸多不足,我觉得我可以超越他们,比他们做得更完善。比如,孔子提出"仁者爱人"的思想,这当然不错,但孔子说的"爱"还是有差别的爱,我就大大地跨前了一步,提倡人人都要相亲相爱和不受地域、地位限制地"兼爱",不只要"兼相爱",还要"交相利"。又如,儒家一再强调的是"仁义",而我一再主张的是"爱""利"。一个"利"字,把我学说的务实性充分凸显出来了。你说得再好、再完满,最后还要看你的所言所行对国家、对民众是有利还是无利。后人还将我的"尚同""非攻""兼爱"思想同"自由、平等、博爱"相提并论,虽不甚恰当,但也说明我的主张是进步的。

易白沙像

易白沙,学者,近代思想政治家,仰慕明代名儒白沙先生陈献章的言行,而改原名易坤为易白沙。他将"尚同""非攻""兼爱"的墨家主张,同资产阶级的"自由、平等、博爱"口号融会贯通,主张在弘扬民族文化之时,绝不能忘了墨子和墨学,因为墨学实际上是"益于国人之学"。他认为:"周秦诸子之学,差可益于国人而无余毒者,殆莫如子墨子矣!其学勇于救国,赴汤蹈火,死不旋踵,精于制器,善于治守,以寡少之众,保弱小之邦,虽大国莫能破焉。"(《述墨》)

在政治方面，您也提出了不少有益于社会发展的主张。有人说"墨子是中国历史上第一个响当当提出'唯才是举'口号的思想家"（舒大刚《苦行救世》）。您怎样看待这种说法？

舒大刚像

舒大刚，四川大学教授，师从金景芳治经学，著有《墨子的智慧》等。他认为墨子"唯才是举"的思想对后世影响极大。

墨子：对于是否是"第一个"，我没有作过严密的考证，不敢妄断，但我比较早地提出这个问题，那是肯定的。我始终认为，要治国，人是第一位的，因此就要举荐人才。而举荐只有"唯才"，才能让真正的人才冒出来。我说过："圣王之为政，列德而尚贤。虽在农与工肆之人，有能则举之，高予之爵，重予之禄，任之以事，断予之令。"（《尚贤上》）这里至少讲了两层意思：其一是"英雄不论出处"，不管你出身于普通的工人之家，还是农民之家，只要有"能"，就应"举之"；其二是举了就要让他有职有权，还要有利。

三教图（明代丁云鹏纸本笔绘）

图中有孔子、释迦牟尼和老子三人。孔子戴冠穿袍，面对老子坐于席上。三教合一的人物画盛传于明代，目的是提高佛教之地位。

43

唐代政治家魏征曾对您的思想作过总结性的归纳,您能不能提纲挈领地告诉我们,墨家学说的基本宗旨是什么?

墨子: 这个问题本不应该由我来回答。一种学说一旦公之于世,它就成为社会财富,它的利害得失的评判权也在于社会。如果硬要我说点什么,那么我可以说一说,作为大家读墨解墨的一种参考。正像许多学者指出的,我的学说的总纲在于这两句话:"欲国家之富,人民之众,刑政之治。"(《尚贤上》)"欲求兴天下之利,除天下之害。"(《明鬼下》)两句话中的两个"欲",即两种希望。第一句话是说,希望国家富强,人口众多,以刑律政教来治理国家。第二句话是说,为了达到上述目标,必须兴利除害。后世的梁启超说:"墨子是国宝。"虽是言过了,但此话很大程度上是针对我墨学总纲的价值而言的。

魏征像

魏征,唐代政治家。曾任谏议大夫、左光禄大夫,封郑国公,以直谏敢言著称。他将墨子思想的精要概括为:"墨子治要:所染、法仪、七患、辞过、尚贤、非命、贵义。"(《群书治要·墨子》)

《墨子学案》书影

梁启超是中国近代史上最崇拜墨子者。他在《墨子学案》中说:"墨子是国宝,只可惜我们做子孙的没出息,把祖宗遗下的无价之宝埋在地窖里两千年!"

墨家学说的总纲是事关全局的。但办事不能只有全局，没有具体的措施。对于具体解决"国富民强、天下大治"问题，您有没有周详的考虑？

王安石像

王安石，北宋杰出的政治家、思想家、文学家、改革家，官至宰相。他说："墨子之道，摩顶放踵以利天下。"其意谓，墨子主张兼爱，为了爱护他人，即使从头顶到脚跟都擦伤了，也心甘情愿地去做。他又说："墨子者，废人物亲疏之别，而方以天下为己任，是其足以利人者适足以为天下害也，岂不过甚哉！"（《杨墨辩》）

墨子：当然有，而且在我看来，那比治国总纲的设定更为重要。经过周密思考，我拿出了治国安民的十项主张——尚贤、尚同、节用、节葬、非乐、非命、尊天、事鬼、兼爱、非攻。这十项事务都重在实行，而且要择紧要的先做，即所谓"择务而从事"。

我对弟子魏越说过："凡入国，必择务而从事焉。国家昏乱，则语之尚贤、尚同；国家贫，则语之节用、节葬；国家熹音湛湎，则语之非乐、非命；国家淫僻无礼，则语之尊天、事鬼；国家务夺侵凌，则语之兼爱、非攻。故曰择务而从事焉！"（《鲁问》）十件事都要做，但做时要有轻重缓急。只有踏踏实实地一件件去做，国家的局面才会好起来，最后达到"国家之富、人民之众、刑政之治"的总目标。

王安石雕像

梁漱溟先生说过:"中国是一个'理性早启'的国家。"在《国语·楚语》中就有"古者民神不杂"的说法,孔子是只谈人事,而"不语怪力乱神"的。他一再声言自己是"敬鬼神而远之"。可是,您在《墨子》中大肆提倡"尊天""事鬼",您那样做从"理性早启"的角度看,岂不是倒退了吗?

墨子:完全不是那样的。我国的一些大思想家的确是"理性早启"的,但在民间,甚至那些执政的"王公大人"还是十分相信鬼神的存在的。我来自民间,深明此理。为了适应这样一种"国情",我就扯了一个"善意的谎言",告诉那些"王公大人",如果一味执迷不悟,胡作非为,那就会受到"天罚"。王焕镳说得好:"墨子将自己之'志',假借天志来提出,这无非是要借重天的至高无上的权威,使它具有威慑之力,使得那些独裁凶顽的统治者有所顾忌、有所收敛。"(《墨子校释》)后人有言:墨家提倡敬祀天神、地祇、人鬼,道教亦如之。墨、道在宗教信仰上,其实质是相同的。墨家学派法夏宗禹,以尧舜禹为三大圣。道教奉此三圣为神,实源于墨家。这不是没有道理的。

《墨子校释》(浙江古籍出版社出版)书影

在《墨子校释》一书中,王焕镳称墨子是将"借天志"为万民兴利除害作为自己使命的人,由此赢得了人们的尊敬,"被人视为传奇式的英雄"。

《太平经》(今注今译,河北人民出版社出版)及《太平经》(文白对照,西南师范大学出版社出版)书影

道教的鬼神崇拜与墨家的宗教观实质相同。《汉书·艺文志》谓"墨家者流,盖出清庙之守",就是说墨家源出掌管祭祀天神地祇人鬼之职事的巫祝,道教亦源自巫祝,足见墨、道同源。《太平经》中再现了墨家对"天"的崇敬,认为"天"是宇宙最高贵的主宰,人格化称为"天君",世人皆应崇拜"天君",顺"天心""天意""天道",遵从"天法""天仪""天德""天统""天性""天爱",慑服于"天畏""天力"。《墨子》以"天"的意志作为衡量一切是非善恶的标准,"天"就是最高的裁判者。

有学者认为，您的世界观中存在着深刻的内在矛盾。一方面，您强调"非命""尚力"，认为决定人们人生际遇的不是"命"，而是"力"；另一方面，您又肯定"天志"和"鬼"的作用，把"天"说成是有意志的人格神，宣扬"顺天意者""必得赏"，"反天意者""必得罚"。您有何解释？

韩愈像

韩愈，世称韩昌黎，唐代古文运动的倡导者，与柳宗元并称"韩柳"，有"文章巨公"和"百代文宗"之名。他是儒墨同宗、儒墨共荣、儒墨互补观点的首倡者。

墨子：其实这两者并不矛盾。唐人韩愈就曾明白地说，"非命"与"天志"不悖，孔墨互通。我认为，"非命"说与"天志"说都体现了我"天人之辨"强烈的思维张力。在我的世界观里，"天志""兼爱"而不制"天命"，因为"天道酬勤"，天喜欢"尚力"而自强不息的人。

韩愈雕像

韩愈的《读墨子》一文，在中国文化史上具有十分崇高的地位。他认为"非命""天志"不矛盾，而且孔墨相通。文中说："儒墨同是尧舜，同非桀纣，同修身正心，用以治天下国家，奚不相悦如是哉？"最后的结论是："孔子必用墨子，墨子必用孔子，不相用不足为孔墨。"孔墨可以互用、互补，是韩愈的远见卓识。

有学者认为，您在《明鬼下》里大力宣扬鬼神，提出"尊天事鬼"的口号，这是百分之百地迷信鬼神。是这样吗？

墨子：非也，此乃假托之法，自古是常有的事。比如王莽改制，就是借用复古周礼制度来达到他治国安天下的理想，于是仿照周朝的制度开始推行新政。有学者就认为，王莽的"托古改制"，从思想观念上看，源于墨子的"托天改制"。其实，那是一种假借。据此，也有学者认为我"托天改制"，即假托天鬼以宣传"兼爱""交利"主义，前者只是手段，后者才是目的。这种看法就说出了我的本意。我认为鬼神不是真有，而祭祀的酒肉也不是要丢弃掉，而是可"合欢聚众，取亲于乡里"。（《明鬼下》）有鉴于此，后学蔡尚思有言："墨子反对迷信宿命的积极作用，远远超过了迷信天鬼的消极作用。"此话较为公正。

吕振羽雕像

吕振羽，当代史学家。著有《中国政治思想史》，对墨子思想予以很高的评价。他说：墨子"尊天事鬼"并非迷信鬼神，而是借鬼神来宣传"兼爱"，"墨子的思想给中华民族留下了唯物主义、社会主义和民主主义体系"。

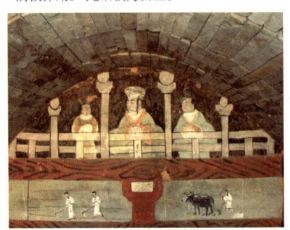

王莽时期的壁画

王莽时期的钱币

我们遍查了研究您思想的文献典籍，发现许多有关您和其他各家异同取舍的争论，诸如墨子与老子相似说、墨家与道家相似说、墨家与佛教相似说、墨学与西洋文化相似说、墨子与马克思学说相似说等等（见《十家论墨》），您认为如何？

蔡和森像

　　蔡和森，中国无产阶级革命家，中国共产党的早期领导人。他说："墨子的理论与马列主义近似。"

墨子：后人蔡和森就说我的思想与"马列主义近似"。有言道："仁者见仁，智者见智。"种种"相似"说，都是有其目的的。蔡和森是个马列主义者，他说我的思想近似于马列主义，大概是说我的学说中包含着同马列主义的一些思想元素相近似的东西，比如尚贤、节用、节葬、兼爱、非攻等。也可能他是为了从中国历史上寻找"同道"，证明他信奉的学说的正确性，以此向民众宣传。

蔡和森雕像（左三）及"蔡和森故居"匾额

1991年6月，在您故里召开的"全国首届墨子学术研讨会暨墨子学会成立大会"上，有关领导提出："在我们祖国的文明发展史上，墨子代表了一个时代的高度。他代表了三面旗帜：第一，墨子是中国人民自古以来酷爱和平，也是人类自古以来酷爱和平的一面旗帜；第二，墨子是中国古典人道主义，也是人类古典人道主义的一面旗帜；第三，墨子是中国古代劳动者的智慧，也是世界古代劳动者智慧的一面旗帜。"我们觉得这个评价是很有分量的，也是相当精到的，先生您以为呢？

墨子：这三个方面我都说到了，而且做了不少事。我是朴素的，我创建的墨学也是朴素的。我们不想高举什么旗帜，只想为民众办些实实在在的事，使天下太平昌盛。最为关键的就是广纳人才。我在《亲士》开篇就以齐桓公、晋文公、越王勾践等贤君与桀、纣等昏君对待贤人的两种截然不同的态度为例，说明能否亲士用贤，关系国家的兴衰成败。国君要做到亲士用贤，除了要有爱士之心外，还须具备宽容、体谅的态度，广纳各色人才，让他们各抒己见，面折廷争。这才是可以王天下、保国家的兼王之道。要说旗帜，"亲士"就是一面旗帜。

张岱年像

张岱年，当代哲学家、哲学史家。他在儒墨比较中看到了墨学的价值，说："儒墨都是致力于经世济民，而墨家的态度比儒家更积极。儒家的态度是'用之则行，舍之则藏'，'穷则独善其身，达则兼善天下'，而墨家是'以绳墨自矫，而备世之急'，'日夜不休，以自苦为极'。在战国时期，墨家对学术文化曾作出重大的贡献。"（《墨学通论·序》）

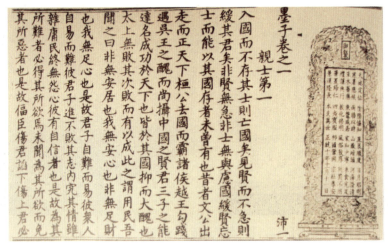

《墨子·亲士》（明刻本）书影

　　兼爱天下，是墨家的伟大理想，也是其追求的崇高境界。作为公认的"平民圣人"，墨子兼爱的重心当然是"农与工肆之人"，也就是天底下的劳苦大众，但也不排斥对其他人有所爱。墨子的兼爱比起孔子的仁爱来，心胸更坦荡，视野更开阔，它不分亲疏，不分贵贱，不分贫富，不分古今，兼而爱之。在春秋战国时期，"天下"所指的是列国，这是一种超越国界的大爱精神，是面向整个华夏民族的挚爱之情。更为可贵的是，墨子的兼爱也包括爱己在内，这是他比同时期的诸子百家更为高明的地方。一个连自己都不懂得爱的人，他可能真正懂得爱他人、爱社会、爱群体吗？正因为兼爱这一点，毛泽东称墨子为"比孔子高明的圣人"。

后世学者特别看重先生的"兼爱"两字。吕思勉说:"墨子主旨,全书一贯,兼爱为其根本。"(《先秦学术概论》)您为何如此看重人间之爱?

墨子: 我所处的那个时代,是天下大乱的时代。到处是战乱,到处是暴虐,到处是争斗,谁都对暴乱厌恶了,谁都向往和平美满的治世生活。但是,仅有良好的愿望,天下还是治理不了。"不知乱之所自起,则不能治。"那么,乱从何而起呢?我以为:"(乱)起不相爱。"(《兼爱上》)子不爱父,父不爱子;兄不爱弟,弟不爱兄;君不爱臣,臣不爱君;该国不爱异国,异国不爱他国。这样,天下哪有不乱的?"乱"的根源在于人与人之间缺乏相亲相爱,我力主"兼爱",就是想彻底改变这种世道。

《墨子·兼爱上》书影

《墨子》中的《兼爱》篇分为上、中、下三篇,内容大同小异,专家认为可能是由三位弟子不同的记录稿整理而成的。《兼爱》篇的主旨就是"使天下兼相爱,爱人若爱其身"。

《先秦学术概论》(中国大百科全书出版社出版)书影

吕思勉像

吕思勉,当代学者。他与唐代的韩愈一样,认为儒墨有许多相似之处,说:"《墨子》多引《诗》《书》,既为他家所无,而其所引又皆与儒家之说不背,即可知其学之本出于儒。"(《经子解题》)

提倡什么，总是与反对什么联系在一起。为了解决"天下大乱"的问题，为了提倡人与人之间的相亲相爱，您在反对什么上是否旗帜鲜明地提出了自己的看法？

夏曾佑《中国古代史》书影

夏曾佑，近代诗人、历史学家、学者。他对今文经学、佛学有精深的研究。他认为，墨子力主人与人之间互相"兼爱"，这是其最重要的思想。他在《中国历史教科书·墨子之道》中说："（墨子）其学与老子、孔子同出于周之史官，而其说与孔子相反。唯修身、亲士、宗教所不可无，不能不与孔子同，其他则孔子亲亲，墨子尚贤；孔子差等，墨子兼爱。"

《隋书·经籍志》书影

鲁胜的睿智，不仅表现在他识世局，还表现在他学说的成就上。对此，《隋书·经籍志》中均有著录。"兼爱"与"非攻"，受到了当时统治者的歧视和非议，也成为儒家最大的反对派，故《史记》中没有给墨子立传。汉武帝"罢黜百家，独尊儒术"之后，墨子似乎从思想界消失了，直到晋朝的鲁胜才给墨家作注，并将其定名为《墨辩》。

墨子：我是提出了的。针对当时的社会现实，我明确提出应反对与"利他"根本对立的"自利"作风。"自利"又称"自爱"。只爱自己的人必然是自私的，他们想问题、办事情，都是从归利于己出发的。对己有利的事，就千方百计去干，就是冒杀头的危险也要去做；对己不利的事，就借种种理由，怎么也不肯去干。这种情况一旦成为普遍现象，社会上就会形成一种极坏的风气。我曾分析说："子自爱不爱父，故亏父而自利；弟自爱不爱兄，故亏兄而自利；臣自爱而不爱君，故亏君而自利，此所谓乱也。""自爱"是一些人的内心感受，"自利"是一些人的外显作为，这样的人多了，尤其是这样的人如果掌握了国家的权柄，那天下大乱可以说是势所必然的。我痛恨"自爱""自利"之人。天下"自爱""自利"的人多了，就会坏事，就会乱天下。

您说要提倡"兼爱"应该是对的。但是，在您之前，孔子不是早就提出过"仁爱"了吗？在《论语》一书中仅"仁"字就有一百零九处，他说了那么多，不是照样不管用吗？

墨子：是的，在我之前已有孔子"仁爱"之说。但是，孔子的学说注定解决不了当时的社会问题。因为儒家的"爱"，其最大的特点是一种有差别的爱，因此有学者名之为"别爱"。儒家的"仁"，只施于上层社会，施于亲近之人，"仁爱"的基本含义是"亲亲"，即所谓的"亲爱之谓仁"（《国语·晋语》）。孔子学说的继承人孟子把"爱"与"亲"进一步糅合在一起。他说："仁之实，事亲是也。义之实，从兄是也。"（《孟子·离娄上》）"人人亲其亲，长其长，则天下平。"（《孟子·离娄上》）果真如此吗？不见得。只对亲近的人施爱，其他人得不到爱，就会不满，就会愤而抗争，这样，社会还是"平"不了。我提出"兼爱"不是想否定儒家的"爱"，而是要补充这种爱，发展这种爱，使这种爱更为广泛。

孔子像

孔子提倡"仁爱"，主张"亲亲"，对此，墨子没有完全否定。墨子只是在孔子"仁爱"的基础上再大踏步前进，提倡更加宽泛的"兼爱"。

《孟子》（商务印书馆出版）书影

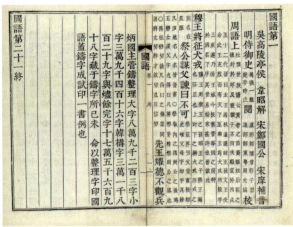

《国语》书影

我想补充的一句是，儒家之"爱"，不只是级差之"爱"，还是单向之"爱"。孟子说的"仁之实，事亲是也"，提倡的就是单向的"爱"。子女要爱父母，那当然是不错的，可是，父母是否也应该爱子女呢？就社会而言，百姓应该爱官僚，这也是不错的，可官僚是否也应该爱百姓呢？就国家而言，臣子应该爱国君，这也是不错的，可国君是否也应该爱臣子呢？儒家学说只解决了"下爱上"的问题，而没有解决"上爱下"的问题，这就使"天下平"只能成为一种美好的梦想。我这样解读，对吗？

墨子：完全正确。"爱"的基础是什么？是平等，是互爱。没有平等精神，那样的"爱"，从根本上说是不会有积极意义的。儒家学说主张的"以下爱上"式的"爱"，走到极端就是"君要臣死，臣不得不死；父要子亡，子不得不亡"。人际关系处于这样"你死我活"的境况，天下怎么"平"得了？我所主张的"兼爱"，既不同级差的爱，又不同单向的爱，是一种更高层次的人间大爱。

孟子雕像

孟子是孔子"仁爱"学说的积极拥护者和宣传者，他在这方面没有多大新的建树。墨子的"兼爱"说在很大程度上是批评孟子的单向之爱的。

孟子故里牌坊

这就使我们想起了儒家的"殷有三仁"(《论语·微子》)之说。商纣王有三个臣子:微子、箕子、比干。他们见到纣王无道,微子忧愤出走,箕子装疯为奴,只有比干不顾一切去争谏,结果被杀。而这样的三个人,被孔子树为模范,称为"三仁"。对此,先生有什么看法?

墨子: 这就是所谓的仁爱,只讲自下而上的忠诚,不讲自上而下的安抚。前面说过,仁爱是一种"别爱",这里我还要说仁爱是一种"偏爱"。同样是人,为何只讲一方对另一方的爱呢? 这也是为我所不取的。"(墨者)僈(无)等差"(《荀子·非十二子》)。荀子说我是坚决反对爱的等级差别的。此话说得对,爱是所有人之间的完全意义上的平等。有了"等差",就无所谓真爱。当时还没有人明确提出这一问题。但我对整个社会进行严密的考察以后,觉得要解决社会的纷争,要建立一个公正、完美、太平的新世界,不能没有人际关系的平等这一条。

微子雕像

箕子像

比干雕像

荀子雕像

一定意义上说,荀子是先秦思想界的集大成者,他赞成孔子的"仁爱",但不排斥墨子的"兼爱"。赞赏墨子的"上(尚)功用,大俭约,而僈等差"(《荀子·非十二子》),表明了荀子对墨子兼爱思想的高度认同。

儒家在大讲仁义的同时，试图避开一个"利"字。"子罕言利"（《论语·子罕》）。孔子学说的继承人孟子就更有趣了，他在与梁惠王交谈时，一口一个"何必曰利"。（《孟子·梁惠王上》）这些都应该说是儒家仁学的某些不足吧？

朱自清像

朱自清，现代著名散文家、诗人、学者。他认为墨子的"兼爱主义"是最了不起的，说："墨家说天下大害，在于人的互争。天下人该视人如己，互相帮助，那样不但利他而且利己。这是兼爱主义。"（《经典常谈》）

墨子： 儒家在谈"仁爱"时，显露出"虚而不实"的缺陷，也就是说不太实惠。"爱"如果离开了民众的实利，离开了民生，那一切都会流于虚假，成为一种说教。你说"仁者爱人"，那么怎么去爱人呢？你总得有所表示吧？总不能只是以礼示爱吧？真正的爱应该是实际的，这就必然会涉及"利"，正如后人朱自清所言：仁爱要利他。我是把"爱"与"利"捆绑在一起研究和讨论的。你爱对方，就一定要给对方以实利。不讲实利的爱是虚无的爱，到头来人家不会相信。

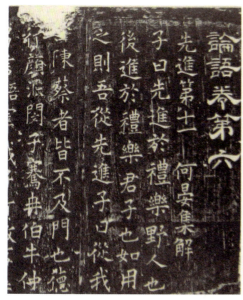
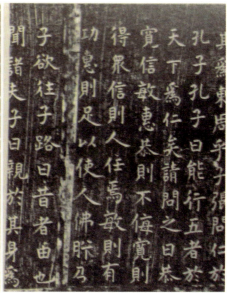

《开成石经》之《论语·先进》《论语·阳货》

您对孔子提出的"仁爱"之说有所不满，因此别树一帜，提出了"兼爱"之说，这一点，我们已经清楚了。下面请简单地给我们说说所谓"兼爱"是怎么回事吧！

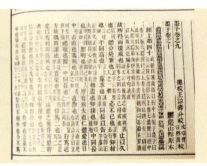

《墨子·经上》书影

墨子： "兼"的本义是指一手执两禾，引申为同时进行几桩事情或占有几样东西。把"兼"与"爱"合成"兼爱"一词，那是我的创造。"兼，尽也。尽，莫不然也。"（《墨子·经上》）也就是说，兼爱就是要力所能及地把爱献给所有的人，这就是"尽"。凡是称得上"人"的，都应该得到充分的爱，这就是"莫不然也"之意。"兼爱"的对立面是"别爱"。孔子所提倡的"仁爱"就是一种"别爱"，把人分门别类。唐代长孙无忌也说过，兼者，互也，"兼爱"即互爱。一些学者说，"兼爱"的"兼"，其中心内容就是视人如己；"别爱"的"别"，就是人不关己，就是损人利己，这样解读，我认为有一定道理。

长孙无忌像

长孙无忌，唐太宗李世民的内兄，好学，博文史，奉命与房玄龄等修《贞观律》。他说："墨者，强本节用之术也，上述尧、舜、夏禹之行，茅茨不翦，栃梁之食，铜棺三寸，贵俭兼爱，严父上德，以孝示天下，右鬼神而非命。"（《隋书·经籍三》）

那么怎样才能推行您的"兼爱"学说呢？也就是说怎样才能使人们都懂得"兼爱"的道理呢？是否要为了"兼爱"而把"别爱"抛掉呢？

汪中像

汪中，清中叶哲学家、文学家、史学家，与阮元、焦循同为"扬州学派"的杰出代表，主张"兼爱"，是韩愈之后杰出的墨学研究者，被称为"墨者汪中"。当时道学具有绝对的统治地位，汪中的举动引起了道学家的仇恨。当时就有人向当局告发："有生员汪中者，则公然为《墨子》作序，自言能治《墨子》，且敢言孟子'兼爱无父'为诬墨子，此则名教之罪人无疑也。"（翁方纲《书墨子》）这在当时是可以判杀头之罪的！

墨子：要做到"兼爱"，确实不容易。我的观点是：有爱总比无爱好。我们不能完全否定孔子的"别爱"。"别爱"，还是在提倡"爱"，比人与人之间的相互仇杀、国与国之间相互征战要好得多。因此，我提出"兼爱"不是要完全否定"别爱"，而是要在"别爱"的基础上有所发展，正如清人汪中在《述学》中所言，就是要"以兼易别"。对那些持"别爱"态度的人，不是抛弃他们，也不是打击他们，而是团结他们，教育他们，让他们站到"兼爱"这一阵营来。这样，一点点地做工作，"兼爱"的阵营会越来越大，"别爱"的人会越来越少，越来越孤立，最后达到"以兼易别"的目的。只要"兼爱"成了社会的主流，那么原来主张仇杀的人也会站到"兼爱"这一边来。这个过程也许是漫长的，但我们相信只要全体民众做出切切实实的努力，这一天总会到来。

《述学》书影

汪中不愧是学界之勇士，面对指责，他在《述学》中毫不退让地说："欲摧我以求胜，其则归于毁，方以媚于世，是适足以发吾之激昂耳。"还指出，攻击人的人最后落得的是自取灭亡的下场。那些"媚世"之论，只会激发人的昂扬斗志。

我们知道，"兼爱"是"兼相爱"的简略说法。您为何要在"兼爱"两字间镶进一个"相"字？这个"相"字重要吗？

墨子：这个"相"字太重要了。就是要明确地打破儒家的单边之爱、单向之爱。不管你的地位怎样，性别有何不同，是年幼还是年长，都应该享受爱，也都应该为别人输送和献出爱。"爱己者，非为用己也，不若爱马者。"（《经说下》）"爱"就不能斤斤计较，如果你给我多少"爱"，我就回报你多少"爱"，这个世界会变得太功利了，这就是我说的"非为用也"的意思。我还说到了"马"。人为什么要去爱那马匹，因为它可以为我所"用"。人与人之间的"爱"没那么低俗，它不是为了相互利用，而是人与人之间天然就有一种同情心，有衷心欣然感，并无施恩即要求回报之意，更无相互利用之心。请注意：我这里强调了一种思想——爱人和爱马是不同的啊！推而广之，爱人与爱一切物是不能等同的。

俞樾像

俞樾，清末著名学者、文学家、经学家、古文字学家、书法家，是现代学者俞平伯的曾祖父。他在《墨子间诂·俞序》中说："墨子唯兼爱是以尚同，唯尚同是以非攻，唯非攻是以讲求备御之法。"韩愈大声疾呼"儒墨互补"，可没有改变墨家的历史命运。对此，俞樾说："乃唐以来，韩昌黎外，无一人能知墨子者。"（《墨子间诂·俞序》）

《墨子·经说下》书影

您把"兼爱"又称为"天爱",这"天爱"两字,是否可以直白地解释成上天之"爱"?

傅山像

傅山,明清之际的思想家。明亡为道士,隐居土室养母。康熙时期中举鸿博,屡辞不得免,至京,称老病,不试而归。顾炎武极服其志节。于学无所不通,经史之外,兼通先秦诸子,是注释《墨子·大取》的第一人。他说:"《大取》奥义奇文,后世以其不可解而置之。"(《大取注》)

墨子:有些墨学研究者的确是这样解释的,但我的本意不是这样的。我的原话是:"天之爱人也,薄于圣人之爱人也。"(《大取》)"天之爱人"云云,实际上是在说上天赐予每个人的爱人之心。"薄",通"溥",即"大"。意思是说,上天赐予每个人的爱心比现在我们看到的圣人身上所表现出来的爱心还要更广泛、更深厚。如果众人的天性之爱都能发扬,人人都会有爱的欲求和行为,人人都会比圣人做得还好,那社会的变化将是可想而知的。可以这样形容:我的"天爱"说,唱出的是一首让世界充满爱心的歌。

这是我"兼爱"之说的理论基础。在我看来,爱心不是外加的,它是每个人天生就有的。只是由于种种原因,这种爱心有的被蒙蔽了,有的丧失了。现在我们的任务是要拂去人们精神上的思想尘埃,使之心明如镜。至于丧失了爱心的那一部分人,则通过教育使他们重拾爱心。总之墨家的"天爱"说,是要让所有人的爱人天性发扬光大。

《墨子·大取》书影

您在不少场合把"兼爱"称为"周爱"。这样提，是不是为了使两个基本同义的概念相互补充，以实现世界"大同""大公"的境界？

墨子：说得太好了，我这么做的确是为了使两个概念相互补充，也可以说"周爱"是"兼爱"的一种补充和发展。"周爱"强调的是周全，是谁都不遗漏，是全体民众都享有爱的权利。我在《小取》中说过："爱人，待周爱人而后为爱人。不爱人，不待周不爱人。不周爱，因为不爱人矣。"这段有点像绕口令的话的意思是：什么叫兼爱人呢？那就是必须做到普遍地爱所有的人（周爱）。不爱人的人，也不是不爱所有的人。他也有所爱，但这种人就不能算"周爱"的人了（周爱的对立面是偏爱，是别爱）。为什么有些人不"周爱"呢？因为他不懂得什么叫真正地爱人。"周爱"大致的意思是与"兼爱"相同的。但这样一提醒，让人会想得更多：我是不是对一切人的一切方面都"爱"啊？

唐才常像

唐才常，民国时期思想家、政治活动家。他十分推崇墨子的"大公"思想，认为这种思想具有重塑人们灵魂的作用。他说："欲救今日士、农、工、商各怀私心之病，则必治之以墨学。"（《读墨》）

蒋维乔像及《因是子静坐法》书影

蒋维乔，著名教育家、哲学家、佛学家。因主张"不主故常，而唯其是从之"而自号"因是子"。他说："墨家之学，融古今世界于一兼，由是树起兼爱之说……其道之广大精微，与释迦之无缘大慈符合；而舍身救世之精神，尤非他家所及。"（《墨子集解·蒋叙》）

您的一位同乡巫马子公然对您的"兼爱"说提出了挑战。他说:"我跟你不一样,我就是爱邹国人胜过爱越国人,爱鲁国人胜过爱邹国人(大约此君真正的母国是鲁国),爱家乡人胜过爱鲁国人,爱家人胜过爱家乡人,爱双亲胜过爱一般家人,爱自己胜过爱双亲。"面对这种挑战性的说法,您将如何应对?

孙中山像

孙中山,近代民主革命家,三民主义的倡导者。他十分推崇墨子的学说,被时人推为"十足的墨者"。他说:"古时最讲爱字的,莫过于墨子了。"他盛赞道:"中国平等博爱的宗师,非墨子莫属。"(《三民主义》)

墨子: 巫马子的学术观点与我完全不同。他说的一套全是儒家之徒的"高论"。我以为,如果人人爱近胜爱远,爱亲胜爱疏,爱己胜爱人,那么,就不能有真爱。我主张"爱"字面前人人平等,不分疏亲,不分你我,天下大爱。总之,要做到"兼爱",最基本的一点就是要打破儒家的那套亲疏观。只有天下无亲无疏、平等博爱,才能有真爱,无争斗。

孙中山纪念堂

除了亲疏之外，先生认为贵贱是产生种种社会矛盾的最大根源。在先生看来，如果社会上的贵贱现象一时难以铲除的话，就得先从"爱不分贵贱"做起。那种不分贵贱之爱，世间会有吗？

张纯一《墨学分科》书影

墨子：当然会有。有这样一个历史故事：商汤叫彭氏的儿子给自己驾车外出。彭氏之子突然发问："您要去哪儿呢？"商汤回答："去拜会伊尹。"彭氏之子轻蔑地说："您说的那个伊尹，只不过是天下的一个普通百姓。如果您一定要见他，只要下令召见就够让他蒙受厚恩了！"商汤生气地说："这是你所不知道的。如果这里有一帖药，吃了它，耳朵会更加灵敏，眼睛会更加明亮，那么我一定会赶紧去服药。

张纯一，近代学者，对先秦诸子、佛教、基督教均有较深入的研究。著有《晏子春秋校注》《墨学分科》《墨子集解》等。他认为唯有兼爱，方能不分亲疏、讲求平等。他在《墨子集解》中说："墨道之大，一兼无外。总形名之异同，尽心力以利爱；钧无地之有，夷生人之等。"

现在伊尹对于国家来说，就好像一位良医，他开的药方就是一帖良方，而你却不想让我见伊尹，这是你不想让我好啊！"彭氏之子听了，低头不语了。这段话我写在《贵义》一文中。我要告诉人们的是，人无贵贱之分，人在本质上是一样的，都应得到应有的尊重，都应得到爱。我在《大取》一文中还说："贵为天子，其利人不厚于匹夫。"其意是：上至天子，下至匹夫，都要有一颗利人之心，一份爱人之意，说谁"厚"于谁，那是不正确的。

《墨子·贵义》书影

《墨子·兼爱下》书影

有的学者从《兼爱下》篇"非人者必有以易之"这句话出发，坚决地认定您是奴隶的解放者，对此，有人反驳说，如此说来，墨子不是成了卢梭或列宁了吗？对此，您是怎么看的？

墨子：说我是卢梭或列宁式的人物，不敢当，因为时代不同，不可作此类比。不过，我在《兼爱下》篇中所言的"非人者"确实是指没有自由的奴隶，所言"必有以易之"，其意就是要改变奴隶的地位，用现代语言来说，就是解放奴隶。

张澜故居及张澜铜像

张澜，现代著名教育家。他说："兼相爱、交相利是各尽所能，皆得所需，与今所谓社会主义、共产主义岂不相同？曰：理想相近，制度不同。"

一般人都不把奴隶、奴婢当人看待。而您认为，他们也是人，因此，"兼爱"的对象也得包括他们在内。您说这话是出于一种怎样的考虑？

墨子：我认为所有人都应获得爱的权利。"兼爱"也称"周爱"，对象理应包括奴隶、奴婢这类人。我在《小取》一文中说了一段流传甚广的话："获，人也，爱获，爱人也。臧，人也，爱臧，爱人也。"这段话就是对传统社会的一种反叛和强烈的抗争。在古文字中，"获"是指女性奴隶，即奴婢；"臧"是指男奴。"获"与"臧"都应被看成是与一般人没什么区别的"人"，都应受到尊重，得到应有的关爱。后世学者认为，这简直是公元前五世纪一次大胆的宣传"奴隶解放"运动。此说有理。

杜国庠雕像

杜国庠，现代著名哲学家、历史学家，曾被郭沫若戏称为"墨者杜老"。杜国庠推崇的是墨子的革命精神，他认为墨子对所有人倡导尊重，就是一种人文理念。他说："在先秦诸子中，只有墨子是革命的。他接近'农与工肆之人'，也代表他们的利益。"（《先秦诸子思想概要》）

戚同文像

戚同文，北宋著名教育家，应天书院奠基人。侍奉祖母以孝闻名。熟读"五经"，崇信墨家"兼爱"之说。早年值后晋末年乱世，他立志不做官，不蓄积财产，不营建居室，主张"人生以行义为贵"。

您在公元前五世纪就举起了"奴隶解放"运动的大旗，使人想起赫赫有名的废除美国奴隶制的林肯。林肯因解放奴隶而名垂千古，我们认为，对您这方面的功业还宣传得很不够，是否应大力宣扬一番？

魏源像

魏源，清代启蒙思想家、著名的今文经学家，撰写了《老子本义》《墨子注》等。他把老聃、墨翟称为圣人，说："老子治天下亦何可得哉，墨子治天下亦何可得哉……老聃、墨子，方以外之圣也。"

墨子：林肯在1862年9月22日，发布了一项日后被称为"解放宣言"的法令，其中提到："一切被蓄为奴的人应获得自由，并永享自由。……对于此种人或其中任何一人为争取实际自由而作的努力，不采取任何压制行动。"我认为，在承认奴隶也是人这一点上，我与林肯是有共同看法的；在认为奴隶应享有人的权利这一点上，我与林肯又是一致的。不过，有些话我比他早说了两千三百多年。从人类的"奴隶解放"运动角度看，我可以算是真正的先驱。

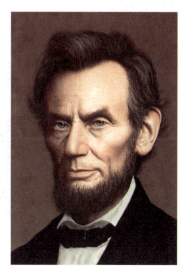

美国《解放宣言》及林肯像

"春秋无义战",那时的战争是诸侯之间的争霸战,各国发动战争的目的是为了维护各自那个"国"的利益。您提出"兼爱天下",就必然会涉及国与国之间的利害关系。"兼爱天下"可以说是针对单纯的"爱国"而言的。您提出这个口号,是否就是为了打破人们狭隘的思想观念,从更广阔的"天下"的视角去思考问题?

墨子: 我所身处的那个时代的天下观,与几千年后人们所持的天下观并不相同。当时所谓的"天下",指的是整个中华大地,也就是大禹划定的"天下九州"。在春秋时期,可以说是诸国林立。到战国时期,经过一再地兼并,国家少了很多,但仍然有数十国之多。这些国家有大有小,有强有弱,国与国之间不是"爱",而是"恨",这种局面必须彻底改变。

谭嗣同故居

　　谭嗣同,清末著名的政治家、思想家,"百日维新"的"戊戌六君子"中最具自我牺牲精神的一位。他说他的这种精神、气质是源于墨子"兼爱天下"之学的。他在赴难前说:"深念高望,吾私怀墨子摩顶放踵之志久矣!"(《述志》)

我们记得您在《大取》篇中说过："天下无大小国，皆天之邑也。"意思是说，不管大国还是小国，都是中华大地上的一个村邑。我们认为，"天之邑"之说，在学术思想上具有创造性，您能否就此进行说明？

《墨子·法仪》书影

墨子："邑"者，村落也。"天邑"者，自然之村庄也。上天让它存在于蓝天白云之下，自有其存在的合理性，为什么要互相攻击呢？孙诒让曾说，"天邑"之说是反战的，"天邑"之说是主张兼爱的。我的这句话可以说是现代人所说的"世界是个地球村"的先导。

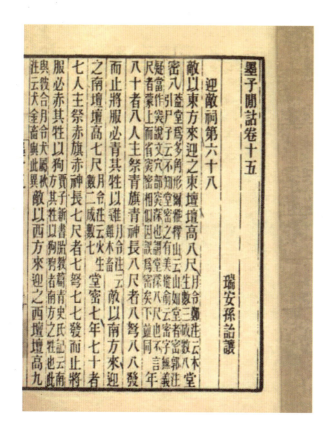

《墨子间诂》书影

孙诒让精心研究《墨子》，著《墨子间诂》，认为墨子有感于战争给人类社会带来的灾难，故作《兼爱》《非攻》等篇。他在《墨子间诂·自序》中说："墨子之生盖后于七十子，身于战国之初，感怖于犷暴淫侈之政，故其言谆复深切，务陈古以剀今。此其与儒家六艺必不合者耳。"

我们还记得您说过："爱众世与爱寡世相若，兼爱之，有相若。"（《法仪》）"众世"指人口众多的国家，"寡世"指人口稀少的国家，提倡他们之间的"兼爱"，实际上就是一种反战宣言，能这样解释吗？

墨子：从当时的角度看，中华大地上有大国，也有小国，提倡他们之间的互爱互利互让，实际上就是彰显一种大中华精神。大国小国之间应平等相待，不应为争夺土地而进行争斗，更不应以大凌小，这是实现持久和平这一目标的根本所在。

周谷城像

周谷城，当代历史学家、社会活动家，著有《中国通史》《世界通史》等。他说："墨子要为贫民谋福利。墨子主张兼爱，反对战争。本着上述精神，要为人民谋福利，于是乃毅然主张兼爱，反对战争。"

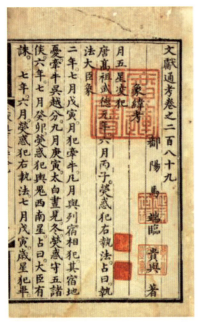

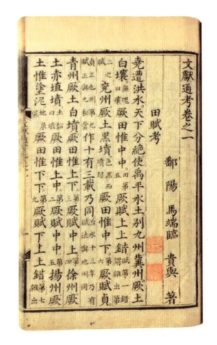

马端临《文献通考》书影

马端临，宋元之际著名的历史学家，著有《大学集注》等。他为谋求治国安民之术，讲究变通张弛之故、崇贤奉能之义。他主张"众世"之国和"寡世"之邦相若兼爱，在《文献通考》中说："杨朱墨翟之言，未尝不本祖义，尚贤尊德。"其意谓，杨朱、墨翟的学说，都是崇尚贤能、尊重美德的。

我冒昧地问一句，您说对中华大地上的所有地域都要"兼爱之"，是否蕴含了"爱我中华"的思想？

康有为像

　　康有为，近代著名政治家、思想家、社会改革家，他信奉孔子的儒家学说，并致力于将儒家学说改造为可以适应现代社会的国教，曾担任孔教会会长。他对墨子的侠气赞赏有加，说："侠即墨也。不论是墨子生前之墨，还是墨子后学都有一身侠气和侠骨。"

墨子：不仅蕴含了这样一种思想，还十分清晰。后人康有为称之为"中华侠气"。"兼爱之，有相若"，就是不管你居于中华大地的哪个地方，都要怀有一样的爱人之心。"相若"，就是一样的爱。

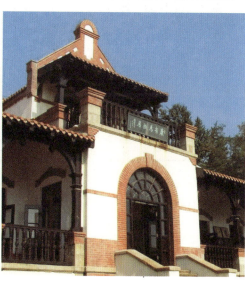

康有为铜像及康有为故居

71

有人以为，您大力提倡"兼爱"，就是要人把全部精力放在爱他人上，至于对自我的关爱，那是不作多少考虑的，是不是这样？

　　墨子：完全不是这样。《正统道藏》里收录了　《墨子·兼爱中》书影
我的著述，介绍我的"兼爱"之"兼"，就是要兼顾
爱人与爱己两个方面。"爱人不外己，己在所爱之中。己在所爱，爱加于己。伦列之爱人，爱己也。"（《大取》）这里有两层意思：第一，如果天下人都不相爱，那么，你个人也就不可能受到爱，相反只能受害。天下人的相爱中，本身就包含着你自己的受爱。第二，一个不爱别人的人，是难以真正得到别人的爱的。而当你真心施爱于别人时，别人也会反过来爱你。这就是我所说的"夫爱人者，人必从而爱之"（《兼爱中》）。

《道德真经集义》书影

　　《正统道藏》，中国道教史上重要道藏之一，明代编纂。该书收载墨子之书。有《墨子》十五卷，注"墨翟"著书七十一篇。有《墨子隐形法》（见《神仙传》卷十）、《五行变化墨子》五卷（见《七录》）、《墨子枕中五行纪要》一卷，等等。用不少篇幅介绍了墨子"兼爱，即爱人爱己也"的观点。

说到"周爱"于人，有些人会产生疑问：对那些十恶不赦的恶人，对那些盗贼，是否也要施爱呢？

欧阳修像

欧阳修，世称欧阳文忠公，北宋卓越的文学家、史学家。他在《崇文总目叙释》中说："墨家者流，其言贵俭、兼爱、尊贤、右鬼、非命、尚同，此墨家之所行也。"又说："孟子之时，杨与墨，其途塞，孟子以墨子之术俭而难遵，兼爱而不知亲疏，故辞而辟之。然其强本节用之说，亦有足取者。"（《崇文总目叙·墨家小叙》）对墨子予以高度评价。

墨子：这里涉及了一个怎样理解"人"的问题。人可以从生物学角度去理解，也可以从社会学角度加以理解。我对此还是区分得很清楚的。"盗人，人也。多盗，非多人也。无盗，非无人也。"（《小取》）这里两个"人"的概念是交叉着用的。"盗人，人也"，这是从生物学角度来说的。盗，有躯体，有头脑，有血肉，在生物学意义上算是人了。"多盗，非多人也。无盗，非无人也"，这是从社会学角度来说的。只有弄清这两个"人"的概念，才能说清爱与不爱的问题。

欧阳修墓

关键在于，您最终还是从社会学角度来论述"人"的，尤其在论说"爱"与"不爱"时，您表现得十分清醒。就这一点，我们就该向您致以崇高的敬意。

黄遵宪像

墨子：清代黄遵宪就说过："不爱盗贼，非不爱人。"我曾说过："爱盗，非爱人也。不爱盗，非不爱人也。杀盗人，非杀人也。"（《小取》）对此我一点也不含糊，墨家说的"兼爱"，是不包括盗贼一类的恶人在内的。为了能真正爱全社会的人，对恶人不只不能爱之，而应该恨之，惩处之，对其中罪大恶极者，还应杀之。我是充满爱心的人，但绝不是和事佬，决不是好好先生。正如你说的，我所说的爱人，是社会学意义上的，而非生物学意义上的。

黄遵宪，清末思想家、外交家、政治家、教育家。他在《日本国志》中说："余考泰西之学，其源盖出于墨子。今日地球万国行墨之道者，十居其七。"这种说法既很大气，又几近史实。

黄遵宪纪念馆

这样看来，就是"兼爱""周爱"这样全面的爱，也是有条件的。离开了一定的条件，事情就会走向反面，就是正确的东西，也会变成谬误。我们是否可以从中找出"墨学中绝"的原因？

孙中原像

孙中原，中国人民大学哲学院教授，著有《墨学通论》《墨者的智慧》《墨子及其后学》等。他对长达两千年的悠悠岁月中，墨学竟无人问津，作了这样的解读："秦汉以后，由于儒学特显，而墨学中绝，几乎沦于无人研究的境地，直到清中叶至近现代，才逐渐由对《墨子》的校勘、训诂和考据，进而到研究。"他还说："墨学这一复杂多样的学术思想体系，在先秦始终是一种民间私学，它从来就没有被哪一个诸侯国家尊奉为官方之学。"

墨子： 这种思想融于我"兼爱"说的理论体系中了。我觉得，孙中原在《墨学通论》中说得好，可以照录一段："墨者在提出'兼爱'说的同时，还始终坚持鲜明的是非观和善恶观，即在真理与谬误、好与坏之间没有一点调和的余地，表现了很强的原则性。墨子把人分为仁人与暴人（即好人与坏人）两大类，也是可取的。"这些评说，我都同意。不过，说"墨学中绝"不合实际，官方禁之，民间总有流传。后世有学者认定，鲁壁也藏有我的著述，因为墨学同儒学一样都是显学。

鲁壁

明代为纪念孔鲋藏书专事而立。相传秦始皇焚书坑儒时，孔子九代孙孔鲋曾将《论语》《尚书》等儒家经典之籍藏于孔子故宅夹墙内，西汉时始被发现。有学者认为，墙内必有墨子著作，因为墨子的"兼爱""非攻"主张，是与秦始皇思想相悖的，当在被禁之列。

75

晚清重臣曾国藩说过："吾学以老庄为体，以禹墨为用。"此说对墨学的"兼爱"论十分看重。后人研读"墨学"，主要就是研读"兼爱"之说。《墨子》一书的其他内容都是从"兼爱"生发开来的。我们能不能理解为，您的其他理论和说法，都只是实施"兼爱"之说的保障系统？

墨子："兼爱"不是空中楼阁，它是体现在人的生活实践中的。吕思勉多少猜到了我的心思，他说："《天志》《明鬼》，所以歆惧世人，使之兼相爱、交相利也。《非攻》《非乐》，则皆所以戒侈也。《非命》所以申天之志也。"他说得多好，几乎把我的全部论著都看成是实施"兼爱"的保障。

曾国藩像

曾国藩，晚清重臣，湘军的创立者和统帅，官至两江总督、直隶总督、武英殿大学士。他对墨子极为崇敬，在《治心经》中说："大禹之周乘四载，过门不入；墨子之摩顶放踵，以利天下；皆极俭以奉身，而极勤以救民。故荀子号称大禹墨翟之以其勤劳也。"故他在日记中写下誓言："吾学以老庄为体，以禹墨为用。"

大禹治水雕像

把大禹治水的雕像与墨子的相关雕像进行比对，就可以发现两者的气宇、神态实在是太相像了，他们都是为了天下人的利益赴汤蹈火、牺牲自己在所不惜的人。

《墨子·尚贤中》书影

在春秋战国之交,政治似乎是压倒一切的。正因为这样,您是否就特别注重实施"兼爱"的政治保障?

墨子: 政治的确是个大问题。当时许多主政者"皆欲国家之富,人民之众,刑政之治",可是,结果是"不得治而得乱",原因在哪里呢?在于"王公大人为政于国家者,不能以尚贤事能为政也。是故国有贤良之士众,则国家之治厚;贤良之士寡,则国家之治薄"(《尚贤上》)。只要治国家、治官府、治邑里的人,"皆国之贤者",那么他们就"不党父兄,不偏富贵,不嬖颜色"(《尚贤中》),人与人关系协调,爱心充溢人际,那样的社会就相当和谐了。我得出这样的结论:"夫尚贤者,政之本也。"(《尚贤上》)一切的法律、政令都是要由人执行的:贤人当政,则政治清明,社会和谐。

《十家论墨》(蔡尚思主编,上海人民出版社出版)书影

蔡尚思主编的《十家论墨》,搜集了梁启超、王桐龄、伍非百、方授楚、郭沫若、杜国庠、严灵峰、詹剑峰、蔡尚思、任继愈诸家的论墨作品,还附录了毛泽东关于墨子思想的一封信。

当时是战争年代，思想家都非常重视军事，不过重视的视角很不相同。您的军事思想的主旨是"非攻"，认为只有树立了非攻思想，国与国之间才会有和平，人与人之间才会有爱心。"非攻"是您的"兼爱"之说在军事上的保障系统。我们这样理解对不对？

墨子：一般思想家的军事思想都集中在怎样克敌制胜上，而我的军事思想是完全不同的，它服从于"兼爱"。如果把精力都花在攻战上，那必然造成这样一种错误观念："今至大为不义攻国，则弗知非，从而誉之。"（《非攻上》）一些"大为不义"的将领、统帅攻打小国、弱国，打了胜仗，得到了很多人的夸奖和荣誉，那是应该的吗？不应该。这样下去，人间还会有爱心吗？我认为，只有提倡"非攻"，才能煞住"攻战为利"的歪风，使"兼爱"的春风重回人间。

马叙伦像

马叙伦，现代著名教育家、语言文字学家。著有《庄子义证》三十卷，附录二卷，校补一卷。对墨子的思想颇有研究，常借墨子的思想来阐述自己的教育主张。他说："'在宥'庄子语，'非攻'墨子篇。干戈何以绝，衣食孰能全！"

王通像

王通，隋末大儒。他仿孔子作《六经》之体例，撰《续六经》，在河汾讲学时，以"王孔子"自诩，兼崇墨家的"兼爱""非攻"之说，主张以孔孟儒学为主，实现儒、佛、道三教合一。画像藏台北故宫博物院。

《墨子·非攻》书影

您在《墨子》一书中，提倡"节葬""节用""非乐"。有些人不免会想，人生活在这个世界上，就是为了生活得快乐，您这也限制，那也不准，不是违背了人性吗？连大思想家梁启超也说："墨子的最大缺点莫如'非乐'。"（《墨子学案》）您能接受这样的批评吗？

李大钊像

李大钊，中国最早的马克思主义者，中国共产党的创始人和早期领导人，学识渊博、勇于开拓的著名学者。他说："《节葬》《葬用》《非乐》等篇，均以节用为主旨。"

墨子：这些看法都是没有读懂我这些篇章真正含义的误解。我的"节葬""节用""非乐"之说，都是从百姓的根本利益出发的。你搞厚葬，搞铺张浪费，搞游乐，所靡费的财物还是要由民众来承担。在当时生产力十分低下的历史时期，"乐"的是极少数人，对大多数人来说，必是"其使民劳，其籍敛厚，民财不足，冻饿死者，不可胜数也"（《节用上》）。我认为，只有注重节俭，把精力放在生产上，广大民众的生活才能得到保障，"兼爱"的目标才能实现，也才会有真正的快乐人生。

《墨子·节用》书影

许衡像

许衡，被称为元代一位百科全书式的"通儒"。崇信墨子的"节用"说。奉行知行并重，以治生为本，不为求官谋利所驱动；主张取之有度，用之有节。画像藏台北故宫博物院。

七八问墨子

　　长期以来，从儒家到道家，都强调一个"命"字，认为人的命运是不可改变的。您作《非命》篇，目的就是要把人们从命运论的束缚中解放出来，可以这样理解吗？

　　墨子：完全可以这样理解。可以说，我的"非命"说是实施"兼爱"的心理上的保障系统。我强调"兼爱"，但客观上是只有少数人得到爱，而绝大多数人得不到爱，生活在社会的底层，挣扎在死亡线上。他们的心里是怎么想的呢？他们总在想，"命富则富，命贫则贫"，"命寿则寿，命夭则夭"，"虽强劲，何益哉？"（《非命上》）归根到底，他们不敢主宰自己的命运。我为了从心理上彻底解放这些人，于是作《非命》篇。有人说我是古代思想解放第一人，也许就是着眼于《非命》篇而发出的赞叹吧！

张申府像

　　张申府，名崧年，1921年曾任中国共产党旅欧支部负责人，新中国成立后任全国政协委员。他说："周季墨家，乃是当时最前进，最革命的学派。"

李翱像

　　李翱，唐代思想家，文学家。他曾从韩愈学古文，协助韩愈推进古文运动，两人关系在师友之间。他赞许韩愈"儒墨同宗"之说，认同墨子的"非命"论。

《墨子·非命上》书影

80

为了推行"兼爱"学说,您对社会,对其他学派多有批评,一系列以"非"字打头的篇章,都是旗帜鲜明的批评文章。但是,有破还得有立,似乎您在"立"这一方面考虑得并不多,是不是这样?

胡适像

胡适,现代著名学者、诗人、历史学家、文学家、哲学家。他将今本《墨子》五十三篇分为五大类,得到学界普遍认可。他对墨子作了充分的肯定,说:"墨子也许是中国出现过的最伟大人物,是伟大的科学家、逻辑学家和哲学家。在整个中国思想史上,为中国贡献了逻辑方法的最系统的发达学说。"

墨子:错了,恰恰相反,我的整个学术体系包含了"破"和"立"两个方面。正由于有破有立,墨学才如胡适所言,成了"最系统的发达学说"。"非人者,必有以易之。"(《兼爱下》)此话是在明确告诉人们,我的学说环绕"兼爱"分成两部分:一是"非人"部分,即批评人的部分,"破"的部分,《非攻》《非乐》《非命》《非儒》都是"破";一是"有以易之"部分,即用积极的办法取而代之的部分,也就是"立"的部分,《尚贤》《尚同》《天志》《明鬼》《节用》《节葬》都是"立"。后世有学者说:"墨子之格局,所谓破与立也。"(方授楚《墨学源流》)此言善哉!

《中国哲学史大纲》书影

庄子在《天下》篇中认为，您的"兼爱"说是"反天下之心，天下不堪，墨子虽独能任，奈天下何？"说您的学说是"反天下之心"，那是不对的，但您的学说要得到推广，阻力会很大，这一点您考虑过了么？

墨子：阻力肯定会很大，但我是立足于自我，　《墨子·修身》书影
立足于几千墨者的。只要坚持从"我"做起，全世
界一定可以为之改观。因此，虽然风言风语多得
很，但我和全体墨者还是一如既往地坚持。"言必信，行必果。""言不信者，行不果。"（《修身》）说到做到，生死存亡，在所不计。"以裘褐为衣，以跂𫏋为服，日夜不休，以自苦为极。"（《庄子·天下》）几千墨者作出榜样来，对社会风气多少会产生一定的影响。

庄子祠

您所提倡的"其言必信，其行必果"的精神，实际上就是中国历史上的游侠精神。白寿彝主编《中国通史》说"侠义之士实在墨家后学"，这一点您认可吗？

白寿彝像

　　白寿彝，当代著名历史学家。他认为墨者多为侠义之士，即见义勇为、舍己助人之士。在他担任总主编的《中国通史》中称"墨子是一位富有实践精神的思想家"，认为"墨子比孔子的社会政治思想激进"（《中国通史·第三卷》）。

　　墨子：其实这一点，司马迁也看出来了。他在《史记·游侠列传》中说："今游侠，其行虽不轨于正义，然其言必信，其行必果，已诺必诚，不爱其躯，赴士之厄困。既已存亡死生矣，而不矜其能，羞伐其德，盖亦有足多者焉。"游侠的这种精神在墨者身上体现得淋漓尽致。说游侠是墨者的后学，或说"余脉"，都说得通。

白寿彝总主编的《中国通史》（上海人民出版社出版）书影

您带领那么大的一支队伍，怎样才能使队伍中的人步调一致呢？

墨子： 我们想到一块儿去了。要使墨者步调一致，我们至少采取了两项措施：一是建立巨子制度。就是把墨者组织起来，由德高望重的"巨子"加以领导和管理。"巨子为圣人"，他自己以身作则，属下都以他为榜样。二是实行严格的纪律约束。纪律既用来约束全体墨者，也约束巨子。墨家的基本准则，在精神上和我保持一致，而且是群体上的"勇"，勇往直前，必是步调一致。故有"墨子之门多勇士"之说。

陆贾像及《新语》书影

陆贾，西汉政治家、文学家、思想家。他尊奉儒学，主张"行仁义，法先圣"，提出"逆取顺守，文武并用"的方略，每奏一篇，高祖无不称善，故名其书为《新语》。他对墨子也持肯定态度，说："墨子之门多勇士。"其意谓，墨子的门下多是勇往直前的人。

陆贾（中）铜像

我们想起了《吕氏春秋·去私》中所讲的一则故事：有一墨家巨子居于秦地。他的儿子杀了人。秦惠王对他说："先生你年岁大了，又没有其他儿子，我已通知有关官吏，放你儿子一马，不杀他了。"这位巨子却不答应，说："墨者的法纪规定：'杀人者死，伤人者刑。'对杀人者处以极刑，这是天下之大义，我儿不可不杀。"墨者的团结统一不正是靠这种法纪维护起来的吗？

吕不韦像

吕不韦，战国末年最大的杂家。在他主持编纂的《吕氏春秋》一书中，有《本生》《重己》《贵公》《去私》《贵生》诸篇，明显吸收了墨家思想，有的地方还以墨家人物为例证。

墨子：是这样的。墨家的法纪之所以得人心，是因为它体现了墨者的一片公心。正如《吕氏春秋》中说的："子，人之所私也。忍所私以行大义，巨子可谓公矣。"一个人人都有如此公心的团体，是可以无敌于天下的。

吕不韦墓

《吕氏春秋》书影

墨家"杀人者死，伤人者刑"的法纪，在中国历史上产生了巨大的影响。据说，后来汉高祖刘邦入关后的"约法三章"就是取法于墨家之法的，是不是这样？

汉高祖刘邦像

墨子：汉高祖刘邦初入关，为了争取民心，战胜西楚霸王项羽，就与关中父老约法三章："杀人者死，伤人及盗抵罪。"毫无疑问，这是脱胎于我墨家之法的。这也可算是我墨家对中国传统文化的一点贡献吧！

刘邦故里汉皇祖陵

稍微后起于先生的孟轲对"兼爱"之说显得特别愤愤然，他攻击您是"禽兽"，墨学是"邪说""淫辞"(《孟子·滕文公下》)。他这样感情用事地抨击您和墨学，作为"墨家之圣"的您，有什么话要说？

孟子像

孟子，战国时期著名思想家、教育家，儒家代表人物，有"亚圣"之称，与孔子合称"孔孟"。孟子是最积极的反墨派，对墨学多有诋毁，但也承认墨学的历史地位及其在民众中的影响，有"墨翟之言盈天下"(《孟子·滕文公下》)之说。他还说："墨子兼爱，摩顶放踵利天下，为之。"(《孟子·尽心上》)

墨子：这种攻击是一点道理都没有的。我说"兼爱"，怎么就成了宣扬不孝的"禽兽"了呢？我明确写了："爱人若爱其身，犹有不孝者乎？"(《兼爱上》)都能爱别人了，还有不爱他的父母、不爱他的尊长的么？从社会角度看，大家都懂得"兼爱"了，不也包括爱自己的父母了吗？这是在更广泛的意义上提倡孝心。说"兼爱"是"无父"，是"禽兽"，那可是一点儿也说不通的啊！结论只能是这样：我大力宣扬"兼爱"，正是为了不让人类成为"禽兽"，使人真正地成其为人。

棂星门

棂星门是孟庙的第一道门，以"棂星"命名，含有尊圣如天之意。棂星门巍峨庄严，是孟庙的一大象征。

墨子雕像

第三章 交利万民

　　在墨者的眼中，"兼相爱"和"交相利"是不可分割的。"兼爱"这一学说，如果没有"交利"这一根基，就成了水上浮萍，飘忽不定，难以捉摸了。"爱"不只是一种人所特有的情感，更多地表现为某种必不可少的实利。面对过着缺衣少食苦日子的人们，有人去奢谈"爱"而不予以实际的补助时，人们感受到的只是一种虚伪。真正的"爱"是有其实际内容的。墨家把"兴天下之利，除天下之害"作为自己的第一要务，正好说明这一学派实际上是民众的代言人。

先生在讲"兼爱"时，常常与"爱利"连在一起说。《尚贤中》言："爱利万民。""兼而爱之，从而利之。"《兼爱中》言："兼相爱，交相利。"《兼爱下》言："爱人利人。"先生将"爱""利"连用，想表达什么意思呢？

《墨子·尚同中》书影

墨子：我的用意很清楚，强调的是爱人必须利人，爱人自然利人，爱人即是利人。爱人而不利人，所谓的爱人就是空话，变成了一副空架子。在我看来，"爱"与"利"是不可分的。儒家所谓的"正其谊不谋其利"（《汉书·董仲舒传》），只是一种精神胜利，从根本上说，老百姓不喜欢那样的"爱"。而我的"爱"正像许多学者所指出的，是一种实实惠惠的"爱"。在现实社会生活中，单讲实惠固然不行，但也少不了实惠。给被爱者以实惠（实利），是"兼爱"主题的应有之义。

董仲舒雕像

董仲舒，汉初儒者的一代宗师。治《公羊春秋》，始推阴阳，提出"天人合一"和"天人感应"说，改造了孔子学说的人文色彩。明确提出"罢黜百家，独尊儒术"，墨学当然也在他的"罢黜"范围之内。

您在讲述"爱"和"利"时，常常借天的意愿说话。如《法仪》篇言："天必欲人之相爱相利。""天之于人，兼而爱之，兼而利之。""爱人利人者，天必福之。"您这样说，是想说明什么呢？

《墨子·天志上》书影

墨子：我说的"兼爱"也好，"交利"也好，本质上都是人事。但是，在当时条件下，单靠人力是难以处理好人事的，必须有所凭借，"天"就是我一再强化的一种凭借力量。在我的心目中，"天"是一种权威的力量，是人事的最高也是最后的裁决者。同时，我还认为，"天"是一种自然的力量，这种自然的力量比起任何意义上的人的力量要大得多，只能"顺"，不能"逆"。"天意不可不顺。顺天意者，兼相爱，交相利，必得赏；反天意者，别相恶，交相贼，必得罚。"(《天志上》)《太平御览》一书有不少篇章讲述了墨者凭借天意、天志来说话的故事，正是为了证明"兼爱"和"交利"的正当性和必然性。再说，当时广大民众是普遍迷信天意的，我说"兼相爱，交相利"是天意，那大家就会更加相信。

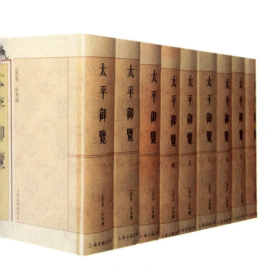

《太平御览》(上海古籍出版社出版)书影

《太平御览》卷引《墨子五行书》说："其法用药用符，乃能令人飞行上下，隐沦无方，含笑即为妇人，蹙面即为老翁，踞地即为小儿……"《抱朴子·金丹》记录有《墨子丹法》，道教中有《墨子枕中记》。何以使墨子著作进入道家，这是一个有待深入研究的课题，如《墨子》与《太平经》的关系等。

先生把"利"的概念加以扩充，不仅讲利人，还讲利天、利鬼，合称"三利"。您说："上利乎天，中利乎鬼，下利乎人，三利无所不利，是谓天德。"（《天志中》）墨学从总体上说是属于务实型的，而您在这里为何要提出"三利"说，那样不会把事情复杂化吗？尤其为何要在讲"顺天"之外，又强调"利天"呢？

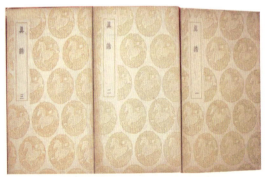

墨子： 讲"三利"而不单讲利人，从总体上讲，《墨子·天志中》书影
是为了强调我重"利"的正当性和合理性。要知
道，在当时条件下，我是不得不那样做的啊！你离开利天、利鬼，单讲利人，人家会听你的吗？我把利天放在"上"的地位，南朝梁的陶弘景将我奉为"神"，其中当然有迷信的成分，但也不全是。人要做利天的事，其中重要的是要遵循自然规律（所谓"天道"），不要人为地去破坏大自然。"天之为寒热也，节四时，调阴阳雨露也；时五谷熟，六畜遂，疾灾、戾疫、凶饥则不至。"（《天志中》）利天，实际上就是按自然规律办事，不要人为地去破坏自然界的平衡。结论是：只有"遵道"（天道），才能"利民"。我强调"利天"，可以说是对人们的一种极大警示。

陶弘景像及《真诰》书影

陶弘景，南朝梁时人，著名的医药家、炼丹家、文学家，人称"山中宰相"。他在《真诰·稽神枢》中说："服金丹而告终者臧延甫、张子房、墨狄子。"《真灵位业图》列墨子为玉清三元宫第四阶左五十二位神，注曰："宋大夫，亦解矣。"

后世之人就是不听先生的大警示，不顺天、不遵天、不利天，随心所欲，破坏了"天之寒热"，使"阴阳雨露"失调，这样，"疾灾、戾疫、凶饥"等都接踵而至了。这也是违反"利天"原则的一种报应吧？

邹伯奇像

邹伯奇，清代物理学家，对天文学、数学、光学、地理学等都很有研究。他对墨学中具体入微地论说自然科学知识以及敬畏自然（遵天、利天）的思想既感到惊异，又感到自豪。他语出惊人："西学实源出于墨子。"（《学计一得》）

墨子：当然是。"上不利乎天，中不利乎鬼，下不利乎人，三不利无所利，是谓天贼！"（《天志中》）倘若人类的"天贼"行为太多了，"反天之意，得天之罚者也"。如果各国在发展经济时，早一点听从我在两千多年前发出不得"反天之意"的大警示，那么就不会"得天之罚"，事情就不会发展到像今天这样糟糕的局面了。

邹伯奇铜像

在"三利"中有"中利乎鬼"一条，这一条主要宣讲的是迷信思想吧？

墨子：谈鬼说神，在现代人看来，当然是一种　《墨子·明鬼》书影
迷信了，但是，两千多年前的情形可完全不同。我
把鬼（神）看成是一种冥冥中"赏贤罚暴"的监视力量。按照那时人的觉悟，如果你对他说，做人该怎样、不该怎样，他也许根本不当回事，可是，如果你告诉他，冥冥之中有鬼神监视着你呢，你得利天、利鬼，又利人，那他会听。我说得很严肃："虽有深溪博林，幽涧毋人之所，施行不可以不董，见有鬼神视之。"无论你在哪里，就算在一人独处的"无人之所"，鬼神都在监视着你呢！你的行为得检点些才是！这不是种再大不过的威慑力量吗？"偖若信鬼神之能赏贤而罚暴也，则夫天下岂乱哉？"（《明鬼下》）我要大家重祭祀，敬鬼神，表面看来是在"利鬼"，最终还是为了"利人"——利天下的一切人，以使天下太平。

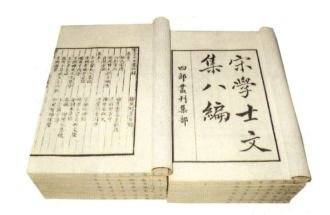

宋濂像及《宋学士文集》书影

宋濂，元末明初文学家，曾被明太祖朱元璋誉为"开国文臣之首"。宋濂与高启、刘基并称为"明初诗文三大家"。他认为墨子以大禹治水利天利民之精神励己，在《宋学士文集》有言："墨者，强本节用之术也。墨子甚俭者乎，菲饮食，恶衣服，为大禹之薄以自奉也。"其意谓，墨家弟子，以重视生产、生活节俭为准则。墨子更加节俭，食粗茶淡饭，穿朴素的衣裳，以大禹治水利天利民之精神来激励自己。

先生在讲述"利人"时，运用了《诗经》中"投我以桃，报之以李"这句有名的诗。您运用这句诗，想说明什么呢？

《诗经》书影

墨子：这两句诗见于《诗·大雅·抑》。"投我"是一种赠送；"报之"是一种回报。"投桃报李"形象地道出了人际间的赠答来往，所谓"来而不往非礼也"，有赠必有答，情感是相通的。我引此诗来说明利他与利己之间的关系，是十分妥帖的。我在这里至少想说明两点：第一，"利"是交互的，正应了"交相利"一语。有"投"必有"报"，有"报"必有"投"，"爱人者必见爱也"，"利人者必得利也"。我要反对的是现实生活中在"利"问题上的"单边主义"。第二，"利"是实在的，就像"桃"和"李"一样的实在。

范纯仁像

范纯仁，北宋大臣，人称"布衣宰相"。崇信墨家"兴天下之利，除天下之害"之说，秉承其父仲淹"先忧后乐"的精神风貌，时刻不忘"以天下为己任"，认为"圣人以民之视听，为天之视听，故万事不可不察于民也"（《进尚书解》）。

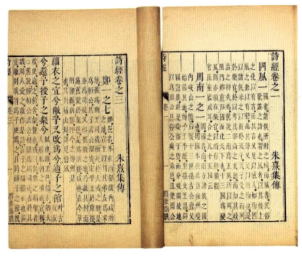

《诗经》书影

95

墨者，倡导大公无私，"交相利"正是"兼相爱"的延伸。可有的学者认为，所谓"交相利"云云，实际上是"小生产劳动者交换观念的扩大化"。这种说法，先生能接受吗？

墨子：我出身于小生产者之家，并不等于我一定是小生产观念的代表。实际上，一些观念成熟的思想大家，他们的思想观念更多的是受时代和社会潮流的熔铸，形成了超乎某一阶段、阶层和时代的观念。"小生产劳动者交换观念"崇尚等价交换，"千做万做，蚀本生意不做"，小生产者是不肯吃亏的。而我的"交相利"提倡的是利的交互性、双向性、互助性。只是强调"利人者，人必从而利之"（《兼爱中》）而已，"交利"是并不强求等量的。事实上，在"交利"过程中，我多的是强调奉献，强调为别人着想，这怎么能说是小生产观念呢？

陈独秀像

陈独秀，中国共产党的创始人和早期领导人之一，新文化运动的发起者之一。他对墨子作了一番考察后说："假若墨学不绝，汉以来的历史绝不会如此。"

陈独秀墓

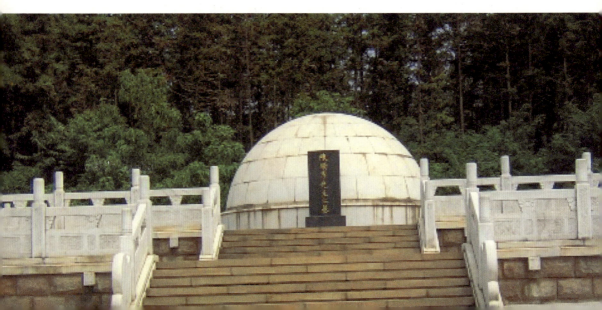

我们还可补充一点，您的思想的确不是"小生产"意识，这充分表现在您不求私利，同时也不讳言私利上，章太炎也赞墨者道德高尚，"非孔、老敢窥视也"。是不是这样呢？

章太炎像

章太炎，清末民初民主革命家、思想家、著名朴学大师。他著述甚丰，认为墨学思想源于大禹，其注重数理也与禹道有关。他在《诸子略说》中说："墨子数称道禹，禹似为其教主。墨子既以禹为祖，故亦尚匠，亦擅勾股测量之术。"他还特别推崇墨学的道德精神，说："墨子之学，诚有不逮孔、老者，其道德则非孔、老敢窥视也。"（《三民主义的民族主义》）

墨子：这里是两点论，不是一点论。第一点，作为一个正直的、有德性的人，主观上不能去追求那个"利"字。"圣人不得为子之事。"（《大取》）"不得为子之事"，是说不为子女谋私利。在墨者眼中，为家庭、为子女谋私利的人，不要说当圣人不合格，就是加入墨者队伍也不够资格。"亏夺民衣食之财，仁者弗为也。"（《非乐上》）尤其是损害民众利益的事，千万干不得。我这里借用了儒家"仁者"的提法，说明一个正派的人是不会干出损人利己的事的。第二点，对利益，不要刻意追求，但也不拒绝，不讳言。"即必吾先从事乎爱利人之亲，然后人报我以爱利吾亲也。"（《兼爱下》）你关心别人的亲人，为别人做了有利的事，还怕别人不给你以回报，不关心你的亲人吗？我认为我这样说，是合乎情、顺乎理的。

太炎先生纪念馆

上面这些充分说明您以及您带领的墨者群体，不是唯利是图的势利小人。我们要问的是，如果放在您面前的有公利，有私利，您选择哪个？

墨子：这个问题似乎提得有点简单化。后学王国维同梁启超都认为，墨者重利。公利和私利放在我面前，我会说：都要。问题只在于孰先孰后，孰主孰次。"仁之事者，必务求兴天下之利。"（《非乐上》）把公家之利、他人之利放在第一位，把一己之利放在次要的位置，这样做，不是很得体吗？

王国维雕像

王国维，近现代史学家、哲学家、古文字家、国学大师。他在考古学等方面的成就卓著，著有《墨子之学说》《老子之学说》等。他认为墨者求的是"兴天下之利"，并注意到墨子和荀子等人在名学（逻辑学）上的成就，可谓别具慧眼。

《王国维全集》（浙江教育出版社、广东教育出版社出版）书影

98

您要兴利，可是社会上就是有人不让您兴利，甚至肆意侵害百姓，与民争利。面对这种情况，您怎么办？

侯外庐铜像

侯外庐，当代历史学家、思想家、教育家。他的研究表明，中国古代的农民起义所举的旗帜，就是墨学。他说："中国农民战争的口号应溯源于战国末年墨侠一派下层宗教团体所提出的一条公法，即《吕氏春秋》所载'杀人者死，伤人者刑'。这一点，似乎不大为从前的学者们注意。"（《我对中国社会史的研究》）

墨子：我充分估计到了这样一种情况，因此我说："仁之事者，必务求兴天下之利，除天下之害。将以为法乎天下：利人乎，即为，不利人乎，即止。"（《非乐上》）我是把兴利与除害连在一起看的。兴利必须除害；除害为了兴利。而兴利与除害都必须有一个准则，那就是"法"。这个"法"的基本内容就是看你是"利人"还是"不利人"。保护利人之举，批评和摒除不利人之言行，这就是"法"的精神。这里要说明的是，墨家所说的"法"，与现代人所说的"法"不完全一样。现代所说的"法"是一种国家制度和国家行为，而我所说的"法"，是指墨家组织制定的、用以约束墨者的某种要求、规矩、条款，对墨家之外的人士只是提倡他们遵循，没有多少约束力。

《墨子·非乐》书影

有的学者认为，儒家是重义而轻利，而墨家是重利而轻义。我们觉得这些学者根本没有好好读先生的书。这些学者的观念是非此即彼的，认为"利"与"义"势同水火，两者是不相容的。在我们看来，墨家不只重"利"，也重"义"，可以这样认为吗？

墨子：说我是重"利"而轻"义"，是一种想当然。我专门作有《贵义》篇，其中有一段话记述了我与"故人"的一段答问："子墨子自鲁之齐，即过故人，谓子墨子曰：'今天下莫为义，子独自苦而为义，子不若已。'子墨子曰：'今有人于此，有子十人，一人耕而九人处，则耕者不可以不益急矣。'"故人的话说明我是个"独自苦而为义"的人，他要我"不若已"——就是不如作罢。我的回答说明我不只不愿"已"，相反"益急矣"。可见我把行"义"看成是自己的当然之务，而且在行动上是坚贞不屈的。有鉴于此，鲁迅把我称为"伟大英雄"，此誉实不敢当，然心领了。

鲁迅像

鲁迅，著名文学家、思想家、革命家，中国文化革命的主将。他称赞说："墨子是中国的脊梁，传奇式的伟大英雄。"

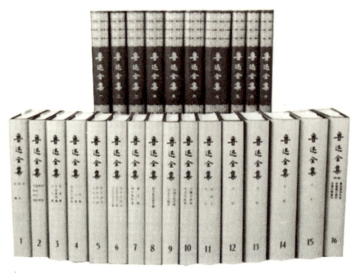

《鲁迅全集》(人民文学出版社出版)书影

先生把行"义"看得很重,且把"义"的地位抬得很高。"义,天下之良宝也。"(《耕柱》)"万事莫贵于义。"(《贵义》)我们要问的是,在您看来,"义"的确切含义是什么呢?

《墨子·贵义》书影

墨子:每个学派对"义"都有自己的解读和注释。我的解读是多视角的,而最基本的提法是:"义,利也。"(《经上》)这强调了"义"的实质。讲"义"就是讲"利"。人与人之间不可无"义",人与人之间也不可无"利"。在家庭生活中,子女孝顺父母,这是"义",孝顺就得赡养,这就是"利",两者是统一的。因此,我说:"孝,利亲也。"没有给亲人以"利","孝"不就成了空中楼阁?在社会生活中,施"义"于人,就是"爱利万民",就是"兼而爱之,从而利之"(《尚贤中》)。施"义",和物质上的施舍,两者是统一的。

文子《通玄真经》书影

文子,老子的弟子,崇义讲利,著有《文子》。唐玄宗诏封文子为"通玄真人",诏改《文子》为《通玄真经》,与《老子》《庄子》《列子》并列为道教四部经典。文子在《文子·自然》中说:"孔席不暖,墨突不黔。"

九七问墨子

您对"义"的含义的解读当然没有什么不对，但是，有人会钻空子说：既然"义"就是"利"，那么通过邪道得来的那种并不正当的"利"，是否也可以称之为"义"呢？对此类质疑，您有何解答呢？

墨子：对此，我早就考虑到了。朱熹等人说墨学是"邪说"，这是一种偏执之言。我曾阐述过："且夫义者，政也。"（《天志上》）这是对"义者利也"的限制和补充。什么叫"义"？"义"通常都与"利"联系在一起，但这个"利"不能是不义之财，不是无故侵夺百姓得来的财物，必须是正直、正道、正气、正路得来的东西，也就是通过自己的艰苦劳动创造出来的东西。正义是相对于非正义而言的。比如大国侵小国、强国凌弱国、强横的社会恶势力压迫无权无势的百姓，都是不义。这些国和人，再如何"有利"，从根本上说也是"不义"的。

朱熹像

宋代的朱熹一生致力于儒学的研究，博采诸家，尽管将墨学视为"邪说"，但对其"兼爱""非攻"之说也持肯定的态度，赞其为"正道之言"。

南溪书院（朱熹出生地）

您说的"义，利也"和"义者，政（通'正'）也"，对普通老百姓来说，是否有言行上的指导意义呢？

李贽像

李贽，号卓吾，明代官员，思想家、文学家，泰州学派的一代宗师。他认为墨子"义利"之言是可取的，并无害人。他在《墨子批选·叙》中说："古之圣人，言必可用，用必其言。虽所言不同，然未尝有欲用而不如其言者。……予读墨子，谬为批选，而意其言之可用者如此。虽然，予又何敢言之；言之，杂其罪大矣。"

墨子：当然有。李贽也极力推崇我的"兼爱""尚同"以及"义利"之说，认为此说有利于民众。我在《鲁问》篇中讲过，我对一个乡鄙之人吴虑说："子之所谓'义'者，亦有力以劳人，有财以分人乎？"在《尚贤下》中，我还强调了："有力者疾以助人，有财者勉以分人。"这就清楚了，行义、利人，人人都可以做到，只要有钱出钱、有力出力就行了。大家都这样做，不就"兼相爱，交相利"了？

李贽故居

《李贽文集》（社会科学文献出版社出版）书影

在《贵义》篇中，先生说道："手足口鼻耳，从事于义，必为圣人。"这句话让人读不太懂，先生能作些解释吗？

墨子：这是句非常通俗的大白话，我们墨者与平民百姓接触多，我们也是平民，季羡林称我为"平民圣人"，实不敢当。"从事于义，必为圣人"，用通俗易懂的大白话讲也好理解。其实意思还是很清楚的。我坚决地反对"坐而论义"。后人常引孟子论"义"的一段名言："鱼，我所欲也；熊掌，亦我所欲也。二者不可得兼，舍鱼而取熊掌者也。生，亦我所欲也；义，亦我所欲也。二者不可得兼，舍生而取义者也。"（《孟子·告子上》）孟子讲得很明白：鱼是我所想要的，熊掌也是我所想要的。两者若不能一起得到，就选熊掌。生存是我想要的，义行也是我想要的。两者不能兼顾，就舍弃生存而选择义行。我认为，义是一种道理，更是一种行为。要调动身体一切机体去"从事"这种"义"。耳闻之，目视之，口说之，足行之，手为之，只要做到这些，不管什么人都可以成为行义的"圣人"了。

季羡林像

季羡林，当代著名文学家、语言学家、教育家和社会活动家。他说："墨子在人类文明史上，代表了一个时代的高度。他在哲学、教育、科学、逻辑、军事防御工程等许多领域，都有杰出的贡献，是一位伟大的平民圣人。"

《孟子或问纂要》（宋刻本，现存上海图书馆）书影

先生在《墨子》一书中提出了一个很特殊的名词——"义人"。请问：什么是"义人"？为何要创造"义人"这一新名词？

孙诒让像

孙诒让，近代著名的一代经师，由于他的学术研究极为朴实，故又称朴学家。他是推崇墨家"道术"的第一人，他说："墨子推精道术，操行艰苦。勇于振世救敝，九流汇海，斯为巨派。"（《墨子间诂》）孙氏称道的所谓"巨派"，相当于战国时人说的"显学"。他说："墨子用天、算、光、重诸学，发挥其旨，似与西书足相互证明者。"（《与梁卓如论墨子书》）

墨子： 孙诒让在《墨子间诂》中认为："义人，主持道义（指兼爱互利）的人。"这样说，有点轻描淡写了。其实，"义人"就是"义"的人格化，他的言、他的行，都充分地体现着义的精神，正像哲人身上浸染着哲理、圣人身上充盈着圣德一样。我在《非命上》中说，"义人"是"上帝山川鬼神"的"干主"（主体），整个国家，整个社会，整个山河，都是义人支撑起来的。我创造"义人"这一名词，正是为了让"万民被其大义"（《非命上》），达到"天下必治"的目的。

《墨子间诂》（右为中华书局出版）书影

墨子雕像

第四章 强本节用

　　墨子言"兼爱",言"交利",言"义气",本身就道出了这一学派的一大特点:"实"——既实在,又实用。荀子有言:"墨子蔽于实而不知文。"(《荀子·正论》)说墨学实用,但问题在于不懂得文饰。其实,墨学的可取之处,正在于它的实在和实用,"不知文"又怎样? 墨子是平民圣人,墨者是平民中的佼佼者,过分地"文",就失去墨家的本色了。再说,实在和实用,本身就是人类文明的重要标尺。说其"不知文",就过分了。墨子提倡"强本节用",认为那才是"达兼爱之路",倡言"俭节则昌,淫佚则亡","去其无用之费",那样"国必强,民必富"。他要求人人都做好"分事"(分内事),则"财物倍之",民可安居。这些,不正体现了人类的文明精神吗? 墨家的这些实实在在的道理,应该说正是中华民族文化中的至上瑰宝啊!

司马谈在《论六家之要指》中说："强本节用，不可废也。""要曰强本节用，则人给家足之道也。"司马谈这样提示墨家的"要指"，先生以为当否？

墨子：可以说，知我者，司马谈也。司马谈说得相当精到。强本节用，用通俗的话来说，就是发展生产，厉行节约，这都是针对当时的社会弊病而提出的。没有"强本节用"这一条，我们的国家和民族能走得那样远吗？春秋战国时期，战争频繁，不少国家都致力于攻战，"废民耕稼树艺"（《非攻中》)，这样，"本"当然弱了。"本"不强，而一些统治者却越发奢侈，"上不厌其乐，下不堪其苦"（《七患》)，因此，"去无用之费，圣王之道，天下之大利也"（《节用上》)。看来，只有走"强本节用"之路，才能拯救万民于水火之中。

司马谈像

司马谈，汉武帝初期的著名学者，司马迁之父，曾在建元、元封年间任太史令。司马谈对墨者的评价最公允，有批评，但更多的是肯定，尤其是对"强本节用"的褒奖，具有划时代的意义。他在《论六家之要指》中说："墨者亦尚尧舜道，使天下法若此则尊卑无别矣！……要曰强本节用，则人给家足之道也。此墨子之所长，虽百家弗能废也。"

汉太史司马祠

司马迁为司马谈之子，父子俩都曾任太史令。

有学者认为,在当时的诸子百家中,大力并明确地主张"强本节用"的只有墨家一家,实际情况是这样吗?

蔡元培像

蔡元培,革命家、教育家、政治家。他认为墨子主张"强本节用",注重民生,说:"先秦唯子墨子颇治科学。"他还说:"墨学中断使中国科学不得发达。"(《学术论著》)

墨子: 基本上可以这样说。任何学派要站住脚,都不能回避民生问题,也就是要一定程度地涉及社会的生产和民众的生活问题。儒家、法家以及道家,都触及了这方面的问题。但是,没有一个学派像墨家那样一而再、再而三地强调"强本节用",系统地论述这个问题,并把它看做是稳定社会的决定性因素。司马谈说得好:"强本节用,则人给家足之道也……虽百家弗能废也。"百家也许可以说墨家这也不是,那也不是,但是你能说墨家提倡的"强本节用"有什么不是吗?"弗能废",就是不能攻击和废止。其实,不只百家不能废之,百世亦不能废之。我当年说强本节用,百世之后,能废弃这一条吗?哪个统治者废弃了,他的日子就不会好过。

蔡元培故居及蔡元培铜像

章太炎先生说："强本节用，所以达兼爱之路也。"（《国学讲演录》）他把"强本节用"与"兼爱"直接挂钩了。您以为此言有理吗？

章太炎《国学讲演录》（华东师范大学出版社出版）书影

墨子：有理，太有理了！我也正想告诉你这个道理。上面不是说到了吗，墨家学说的出发点就是"兼爱"，我说了那么多，归根结底就是一句：人类啊，我是爱你们的！可是，讲"兼爱"，就得有物质基础和物质条件，不然磨破了嘴皮还是一句空话，对民众来说，还是没有任何实际意义的空头许诺。我讲的"强本节用"，就是为"兼爱"创造更为充裕的物质基础和物质条件。"强本"，就要"以时生财，固本而用财"（《七患》）。"节用"，就是要"国家去其无用之费，足以倍之"（《节用上》）。章太炎说得好："强本节用，所以达兼爱之路也。"这是一条万古不易的爱心之路。只有走这样一条道路，才可通向"饥即食之，寒即衣之，疾病侍养之，死丧葬埋之"（《兼爱下》）的景况。能做到这样，我倡导的"兼爱"目标不就达到了吗？

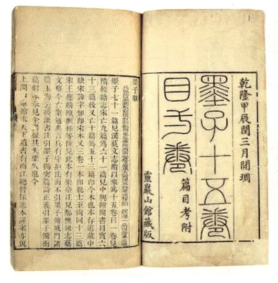

《墨子》书影

有学者认为："在中国思想史上,墨子是第一个提出靠劳动生产创造价值的思想家。"(焦国成《救世才子墨子》)先生您对这句话怎么看?

梁启超像

梁启超,近代史上著名的政治活动家、教育家、史学家和文学家。戊戌变法领袖之一。其著作合编为《饮冰室合集》。他在《墨子学案》认为:"欲救今日之中国,舍墨学之忍痛苦何以哉?墨学之轻生死何以哉?"

墨子:是否是"第一个",我不敢妄断,但是,我的确这样说过,人不同于禽兽、飞鸟、爬虫的,不在于能吃,能喝,能繁衍,而在于能劳动。"今人与此异者也,赖其力者也,不赖其力者不生。"(《非乐上》)何谓"力"? 我解释道:"力,形之所以奋也。"(《经上》)"加重之谓,下举重,奋也。"(《经说上》)意思是说,人与其他动物的不同之处在于,人是靠劳力生存的,人是靠奋斗发展的。即使我不是第一个倡导这一思想的人,也可以算得上是先驱吧! 我想强调一点,把人的劳动与自我奋斗联系在一起,我可能真是"第一个"。

墨子雕像

你说人与禽兽"异者也，赖其力者也"，这是一个了不起的发现。问题是，"力"是可以分为体力和脑力两个方面的，在您的论著中，是否顾及了这两个方面呢？

贾思勰雕像

贾思勰，南北朝北魏农学家，曾任北魏高阳郡（今河北境内）太守，具有广泛的农事知识。他以搜集到的文献资料，访问老农和观察、试验所得写成《齐民要术》一书而知名于后世。

墨子：老实说，我还没有真正顾及体力和脑力两个方面，大致上只是论及人的体力。因为当时我面对的是一个被战争摧残得破碎不堪的世界，要修正这个世界，首先想到的当然是让老百姓有饭吃，有衣穿，这些都应该是靠体力劳动来获取的。我强调体力，是与当时的社会背景直接相关的。我忽视了脑力的作用，无论如何是一个失误。当然我是个手工业者，而且是手工业者中的能工巧匠，因此，生活中我没有忘记脑力劳动，我的生活本身就是体力劳动、脑力劳动相结合的。

《齐民要术》书影

《齐民要术》是北魏农学家贾思勰所著的一部综合性农书，也是世界农学史上最早的专著之一。此书高度概括了民众生活的"要术"，赞扬了墨子"农事缓则贫"（《墨子·非儒下》）的重农思想。

想请教一下，您所说的"强本节用"的"本"，与中国传统意义上的"以农为本"的"本"，是完全一样，还是同中有异？

《墨子·节用》书影

墨子：中国传统意义上的"本"，就是"农本"，就是发展农业。从儒家，到法家，甚至道家，都主张"农本商末"。我与他们有些不同，以农为本，我是认同的；而以工商为末，我却不能苟同。在我看来，"农夫蚤出暮入，耕稼树艺"，可以谓之"本"；而"妇兴夜寐，纺绩织纴"也是"本"；甚至"天下群百工，轮车、鞼鞄、陶冶、梓匠，使各从事其所能"（《节用中》），也是"本"。那些造轮车的、制革的、烧制陶器的、铸金属器具的、当木匠的，人类生活少了他们行吗？你不用陶制品行吗？你不使用轮车行吗？难道这些行当不是"本"吗？当然，"本"中有"本"，农业是最根本的，这一点我是完全认同的。中国是"以农立国"的国家，没有农业，其他什么都"立"不了。但是，即使如此，也不能排斥其他行业啊！

《百工图》壁画局部

墨者中有的是能工巧匠，据墨子说：有车工（轮车），有皮革工（鞼鞄），有制陶工（陶冶），有木工（梓匠），这样可以让他们在农耕中"各从事其所能"了。

最为重要的是，您把科学技术引入了"力"的范畴，说白了，在您看来，科学技术也是生产力，而且是一种特殊的"巧力"。您说过："利于人谓之巧，不利于人谓之拙。"（《鲁问》）您是想借科技的巧力来改变这个世界，对不对？如此重视科学技术，在诸子百家中您是唯一的吧？

墨子：的确是这样。在诸子百家中，没有一个学派像我这样重视科技。《墨经》中有关科技的条目就有五十多条，内容涉及数学、物理学、心理学、人体科学等多个领域。在这些领域中的某些方面，应当说当时我们的科技学说和科技水平是处于世界领先水平的。当时中国领跑世界，墨家则是领跑群体中的先锋队和领头羊。

任继愈像

任继愈，当代著名哲学家、宗教学家、历史学家。著有《墨子与墨家》等，认为墨子重视科学技术，称其"巧"，利于人，这是他具有唯物主义认识论的光辉灿烂点。（《中国哲学发展史》）

《墨子与墨家》（商务印书馆出版）书影

《吕氏春秋》书影

有学者作过统计，《吕氏春秋》中称墨子的有六十八次，称韩非子的有三十七次，足见墨子在吕不韦心目中的地位。

您说您的科技学说和科技水平在当时是"处于世界领先水平的",此言有事实根据吗?

李约瑟像

李约瑟,英国生物化学家和科学技术史专家,著有《中国的科学与文明》(即《中国科学技术史》)。他在物理卷中说,墨子关于光学的研究,"比我们所知的希腊的为早","印度亦不能比拟"。

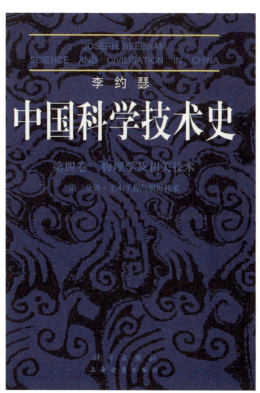

《中国科学技术史》(科学出版社、上海古籍出版社出版)书影

墨子: 我说的完全是实话。举个例子吧!如我说"俱一,无变",实际上指的是世界是统一的,它统一于物质。物质在不停地变化着,但永远不会增加什么,也不会减少什么,这就是最原始的"物质不灭定律"。可惜这些弥足珍贵的遗产,至今未被后人开发出来,不能不说是一大遗憾了。事实上在《墨经》中,关于数学,特别是形而上学(几何学)问题的论述就有十九条,其中含有丰富的数理思想和严密的逻辑推理;关于时空论的有五条,相互联系,互相说明,自成系统;关于力学和机械发明的记载有八条,反映了当时人们的手工业水平和力学及机械方面达到的水平;关于几何光学中的阴影问题、小孔成像及球面镜成像问题的记载有八条,逻辑十分严密。这些,毫无疑问,都是走在世界前列的。

有人说，如果后人能重视墨家的科技精神，把科技精神当做一种民族精神，而不像儒家那样徒托空言，那中国将是另一番景象，这一说法有道理吗？

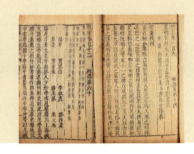

墨子： 我觉得此话有理。墨家开创的是一

《魏书》书影

条重科学研究、重理论探索的文化之路。如果
这一传统得到应有的重视，就有助于把中国导向科学昌明、技术发达的文明之路。但遗憾的是，从秦始皇统一六国以来，特别是汉武帝采纳董仲舒提出的"罢黜百家，独尊儒术"之后，这一优秀的科技精神不但没有得到继承和发扬，反而被抛弃、排斥了。从此，科学技术长期被斥为"雕虫小技""奇技淫巧"，为士君子所不齿。最终到清代时，中国的科技处于世界落后水平。这是多么可惜的事啊！不过，"百工技巧"是禁绝不了的，那时的《考工记》不是一直在流传吗？

我一再强调的科技精神后来被抛弃，不光是我个人的遗憾，也不光是墨家的遗憾，而是整个民族的大遗憾。我想对大家说一句，现在中国正处于快速发展时期，应该是弥补这一大遗憾的最佳时机了！

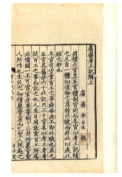

《考工记》（图）及《考工记》（解）书影

《考工记》是中国目前现存的年代最早的手工业技术文献。不少学者认为，《考工记》是齐国官书，作者为齐稷下学宫的学者。从内容上看，《墨子》中的一些说法和《考工记》的说法较为一致，充分说明墨子的一些思想和《考工记》的渊源。《考工记》的广泛流传，使墨子直接接触到《考工记》成为可能。根据《贵义》《公输》《鲁问》等篇记载，墨子和他的学生足涉鲁、宋、卫、楚等国，游说各国君主。墨子大范围活动的特点，使他接触到《考工记》的机会就相当多了。

有学者认为您在自然科学方面有许多贡献，如您提出了许多数学概念，诸如倍、周长、中、圆、正方形以及直线的定义。这些数学概念的命题和定义，都具有高度的抽象性和严密性。您是中国历史上第一个从理性高度对待数学问题的科学家，这个评价您认为是否准确？

庄子祠的梦蝶楼

　　庄子说梦是出了名的，但人们很少知道墨子也会说梦。《经上》中说："梦，知无知也。""梦，卧而以为然也。"第一句话是说梦是无知中的有知，处于有知觉和无知觉之间。第二句话是说梦是真中的假和假中的真，即梦是人的一种潜意识的活动。墨子的梦说，比起庄子来更具科学性。

　　墨子：事实是这样。提出圆、正方形的定义，我比被称为"几何之父"的古希腊数学家欧几里得（约公元前330—前275年）要早一百二三十年。关于直线的定义，我认为，三点共线即为直线。这一定义，在后世测量物体的高度和距离方面得到广泛的应用。魏晋时期数学家刘徽在测量学专著《海岛算经》中，就是应用三点共线来测量高度和距离的。汉代以后弩机上的瞄准器"望山"也是据此发明的。

庄子卧姿像

　　墨子的说梦，与庄子并不相同。庄子的梦是一种思想的解脱，是精神的自由翱翔。而墨子的说梦是与科学精神联系在一起的。"梦，知无知也。"为了更好地"知"，必须进入梦境的"无知"，科学也需要想象。

您对十进位制进行了论述，这也是中国对于世界文明的一个重大贡献。正如李约瑟在《中国科学技术史·数学卷》中所说："如果没有这种十进位制，就几乎不可能出现我们现在这个统一化的世界了。"是不是这样？

墨子：是的。中国早在商代就已经比较普遍地应用了十进制记数法，比当时的古巴比伦和古埃及更为先进、更为科学。我只是第一个对位制概念进行总结和阐述的科学家。我明确指出，在不同位数上的数码，其数值不同。例如，在相同的数位上，一小于五，而在不同的数位上，一可大于五。

不少学者认为我不仅是一位伟大的思想家，还是一位杰出的科学家。后人认为我在力学、数学、光学等方面的某些创见与近代科学原理几乎完全相同，所以称我为"科圣"。后代著名学者杨向奎说："墨子在自然学上的成就，绝不低于古希腊的科学家和哲学家，甚至高于他们。他个人的成就，就等于整个希腊。"也许言重了，但肯定我确实曾有不少发明和创新。

杨向奎像

杨向奎，当代著名中国思想史研究专家，著述宏富，著有《墨经数理研究》等。他说："一部《墨子》等于或超过整个古希腊。"

《墨经数理研究》（山东大学出版社出版）及《杨向奎集》（中国社会科学出版社出版）书影

国内外的学者认为您是发现牛顿惯性定律的先驱,因为您提出了"动"与"止"的观点,这也是物理学诞生和发展的标志。您这一观点的提出比西方早一千多年。是这样吗?

童书业像

童书业,曾任《禹贡》编辑、山东大学教授。他有惊人的记忆力,专于先秦史,兼治中国绘画史、瓷器史和历史地理,著有《春秋史》《先秦七子思想》等。他认为墨子的"动"和"止"的观念,其实就是物理学,说墨子是"发现牛顿惯性定律的先驱不为过"。

墨子:后人童书业就有如此赞誉。后世如何评说,我管不了,不过,我确实认为"动"是由于力的推送。我在《经说上》中讲:"止,无久之不止,当牛非马。"意思是说,物体停止运动是因为阻力的作用。如果没有阻力,物体会永远运动下去。任何事物都不可能停滞不动,这个道理正像牛不会是马一样。这些论述可以说是牛顿惯性定律的先驱。

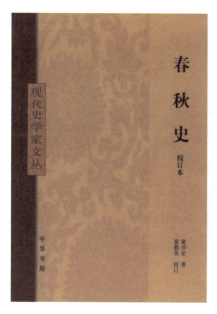

《童书业著作集》(中华书局出版)书影

《春秋史》(中华书局出版)书影

关于杠杆定理,您也作出了精辟的表述。当时您就指出,称重物时秤杆之所以会平衡,原因是"本"短"标"长。用现代的科学语言来说,"本"即为重臂,"标"即为力臂,写成力学公式就是力×力臂("标")=重×重臂("本")。现在人们习惯于把杠杆定理称为阿基米德定理。其实,您得出杠杆定理的时间要比阿基米德早两百年,应称之为"墨子定理"才是公允的。您说对吗?

桔槔图

墨子:以什么命名倒无所谓,这一问题反映了西方人的自我中心论和对中国的不了解。我对杠杆、斜面、重心、滚动摩擦等力学问题进行了一系列的研究,这里就不一一赘述了。在光学史上,我第一个进行光学实验,并对几何光学进行系统研究。说我奠定了几何光学的基础,也不为过,至少在中国是这样。

桔槔取水
(汉代画像石拓本)
　　桔槔是农家用来取水的工具。而墨子却巧妙地将其用来作战备之用。这样桔槔所取之水,可为守城的士兵提供充足的饮用水。同时,"城上之备:桔槔"。有人会问:城上为何要备桔槔呢?原来墨子要利用城头的桔槔搬重物,那样可以节省许多体力。

《墨子·七患》书影

您在强调劳动生产的同时，也十分重视"以时生财"（《七患》）。有人以为，所谓"以时生财"就是后世人所说的"时间就是金钱"，您认为呢？

墨子：我所说的"以时生财"，应该说是含"时间就是金钱"之意在内的。我坚决地反对儒家的"为亲服丧三年"，就是从时间上考虑的。人生短暂啊！如果硬要为父母服丧三年，又要为伯叔兄弟服丧一年，还要为其余的族人服丧数月到半年，族中人那么多，人生在世只有那么几十年，服丧的时间就占了一大半，人生还有多少事好做呢？在这样的论述中，我说的是"以时生财"，实际上表述的是"时间就是金钱"的观念。

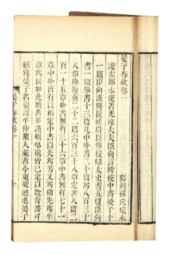

《晏子春秋》书影

《晏子春秋·外篇下二》有载："其母死，葬埋甚厚，服丧三年，哭泣甚疾。"《后汉书·桓典传》也载："典独弃官收敛归葬，为丧三年，负土成坟，为立祠堂，尽礼而去。"墨子的"节葬"理念也包含了对儒家"服丧三年"观点的反对。

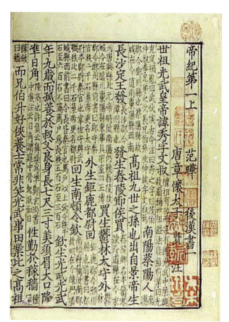

《后汉书》书影

一般而言，在中国文化中，是很强调"时"这个概念的。但所谓的"时"，大都是说"农时"，您也是这样认为的吗？

《墨子·非攻中》书影

墨子：说"以时生财"，当然首先是指"农时"。在《非攻中》篇中，我反对战争，在很大程度上也是因为战争会使农民"废一时"。"今唯毋废一时，则百姓饥寒冻馁而亡者，不可胜数。"强调了"以时生财"的重要性。

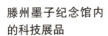
滕州墨子纪念馆内的科技展品

墨子纪念馆内展出的连弩之车

司马迁在《史记·货殖列传》中，写到"治生之祖"白圭时说："白圭乐观时变，故人弃我取，人取我弃。……能薄饮食，忍嗜欲，节衣服，与用事童仆同苦乐，趋时若猛兽鸷鸟之发。"这里说到了白圭的"时变"与"趋时"。白圭与您处于同一时代，他能把"时"的观念扩得那样大，先生您能做到吗？

白圭像

白圭，战国商人，奉行"人弃我取，人取我与"的经营方法。这些经商理论，为后世商人效法和借鉴。宋景德四年（公元1007年），真宗封其为"商圣"。如今，"白圭"成了中国古代的"治生之祖"。

墨子：我的"时"的观念接近于白圭，我把抓"时"，不只看成是抓"农时"，也指抓"工时"、抓"商机"。《墨学源流》一书的作者方授楚说得好："既主张以时生财，则凡费时而不生财者，墨子均反对之。"我是个手工业者，在制作手工产品的过程中，要耗费大量的时间，我当然也是要计时的。至于手工产品的买与卖，当然要考虑"时变"和"趋时"这些因素。《周易》有言："观乎天文，以察时变。"时间是极为重要的，自古就有"一寸光阴一寸金"的说法。

《开成石经》之《周易·乾》书影

在消费上，您有一个总原则，即"凡足以奉给民用，则止。诸加费不加于民利者，圣王弗为"。对这一原则，有学者批评说是"消费上的保守主义"。在我们看来，这个批评有一定道理。面对这种批评，您持何种态度？

墨子： 对上面这段被称为消费总原则的话，我觉得是要作具体分析的。首先，我在消费上的确是比较保守的。我在许多篇章中一再强调，百姓只要有东西填饱肚子，有衣服穿，就可以了。我主张"回到古代去"，同陶渊明那样崇尚清静无为，其目的是为了逃避战事和繁扰。由此而说我保守并不过分。但同时在客观上，当时由于长年战乱，广大民众居无定所，食不果腹，我这样的"低标准"，也是实事求是的，因为物资紧缺。

陶渊明像

陶渊明，东晋末期诗人、文学家、辞赋家。他崇尚清静无为，主张隐居以避繁扰。他在《群辅录》中说："不累于俗，不饰于物，不尊于名，不忮于众，此宋钘、尹文之墨。裘褐为服，日夜不休，是以苦为极者，相里勤、五侯子之墨。俱称而背谲不同，相谓别墨以坚白，此苦获、已齿、邓陵子之墨。"

陶渊明纪念馆

有人批评说，墨子的"节用"说是"反天下之心"的。人人都有把生活过得好一点的欲求，您却大谈特谈"节用"，搞"低消费"，搞"回到古代去"式的原始消费，这不是逆时代潮流而动吗？

詹剑峰（右）像

詹剑峰，从事哲学、逻辑学研究和教学的专家，著有《墨家的形式逻辑》，他认为墨子的"节用"是针对奢侈浪费而言的，似老庄之学。还考证说，墨子生于周元王七年（公元前470年），卒于周安王十二年（公元前390年），享年八十岁。

墨子：一个口号的提出，都有一定的针对性，"节用"也是这样。对当时的广大百姓来说，打了两三百年的仗，连"用"都不能满足，哪还谈得上"节"。真正该"节"其"用"的是那些鱼肉百姓的"王公大人"。这些人大兴土木，建造宫殿；暴夺民财，靡曼其衣；厚敛百姓，美食刍豢；饰车文采，饰舟刻镂；大蓄其私，拘女千百。这些人造成的社会危害之大，怎么估计也不为过。难道对这些人棒喝一声"节用"不应该吗？再说，"节用"这一口号什么时代都用得上，老庄之学也讲究"节用"。将来社会发展了，人们生活富足了，仍然要提倡"节用"，那涉及人的道德品质与人类持续发展的问题。

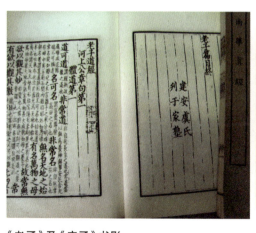

《老子》及《庄子》书影

在物欲横流的社会环境下，老子提出了"圣人欲不欲"（《老子·六十四章》）的主张，庄子批评权贵者的"原味、美服、好色"（《庄子·至东》），这些都可以看成是与墨子"节用"观相呼应的。

在《辞过》篇中,您提出了一个千古命题:"俭节则昌,淫佚则亡!"对此,先生想说些什么吗?

墨子:这是从"节用"的文化价值上提出的命题。"俭节则昌,淫佚则亡",这是历史经验的可贵总结。"圣王为政,其发令、兴事、使民、用财,无不加用而为之。是故用财不费,民德不劳,其兴利多矣。"而夏桀、商纣"贵为天子,富有天下,然而灭于百里之君",原因何在? 在于"淫佚"两字也。一正一反,都意在说明节俭的重要性。

这里要说的是,一些学者主张把我说的"俭节则昌,淫佚则亡"一语视为民族精神大加宣传和强化,让这一思想在中华民族世代子孙心中生根,成为一种民族的力量。历朝历代某些人的蜕变、堕落,说到底,还不是因为忘记了"俭节则昌,淫佚则亡"这句话吗?

曹操像

曹操,东汉末年著名军事家、政治家和诗人,三国时代魏国的奠基人和主要缔造者,后为魏王。他精于兵法,著有《孙子略解》《兵书接要》等书。他赞赏墨子的俭节观,说:"侈恶之大,俭为共德。兼爱尚同,疏者为戚。"(《度关山诗》)其意谓,奢侈是很不好的,节俭是人们共同的美德。人与人相互爱护、人们以圣王的意志为准则。倘若没有做好这些就很危险。

夏桀像

商纣王像

在《墨子》中,多次提到夏桀、商纣这两个暴君。墨子是把这两个暴君作为反面教材加以描述和鞭挞的。两暴君"淫佚而亡",正说明了"俭节"的重要性。

　　墨子是春秋战国时期伟大的和平主义者。在"春秋无义战"的乱世，他以"和平天使"自任，栖栖奔走于各诸侯国之间，或调解周旋，或着力劝阻，或助弱防御。他的一篇《非攻》，就是中国古代最完整的和平宣言。墨子严肃宣告：和平是全体民众的心愿，决不可让以杀人为乐者得志于天下，相反，玩火者必自焚，无故挑起战事的人，是不会有什么好下场的。在墨子带领下，千百墨者个个都是视死如归的英雄好汉，只要有必要，他们愿意为了天下的和平事业献出一切，甚至牺牲自己最宝贵的生命。

我们知道，您是个极具爱心的人。您从"兼爱"这一人生主题出发，希望建立一个和平美满的世界，您称之为"一天下之和"(《非攻下》)。用大家都能懂的话说，就是：让全天下的人都一律享受到和平之光。您能为我们描述一下和平世界的景象吗？

墨子：在战乱频仍的历史时期，和平是我，也是广大民众最大、最基本的祈求。我设想过"一天下之和"的美好景象。我相信，这种景象曾经在远古时代的太平盛世出现过，将来也一定会出现。远古时代的太平盛世，对我们来说是一种美好的回忆，而将来的太平盛世是我们共同的梦。管仲主张"慎战"，反对轻易发动战争，认为战争本身充满了对民生的残杀。我写道："古之仁人有天下者，必反大国之说。一天下之和，总四海之内，焉率天下

管仲像

管仲，名夷吾，史称管子，春秋时期齐国著名的政治家。管子的思想和以墨子为代表的墨家思想中都蕴含着重要的和平慈善内涵。管子的和平慈善思想非常广博，"兴德六策"和"九惠之教"是其最集中的体现。有学者认为，《道德经》重点发扬了管仲辩证法的部分，而《墨子》则更注重管仲的唯物主义部分。

之百姓，以农臣事上帝山川鬼神。利人多，功故又大，是以天赏之，鬼富之，人誉之。"(《非攻下》)这里对天下和平的景象作了尽情的畅想。第一，天下和睦，四海一家。一个"总"字，说明四海之内无阻隔，交通流畅，人情通达，互通有无，互惠互利。第二，亿万民众齐心协力，在仁人志士的带领下，一心从事农业生产和其他生产事业。这种生产事业的发展是有领导、有安排的，是在圣人领导下进行的。第三，在天下和平的景况中，"天赏之，鬼富之，人誉之"，天、地、人处于一种高度和谐的状态中，社会富足，人际和谐。这样的天下，正是人们所祈盼的。

管仲纪念馆

在述说"一天下之和"美景时,您既热衷于对这种和平美景的向往和称颂,又注意把这种美景与现实生活拉开一段距离,告诉人们,这种和平美景曾存在于古代的"先王"时代,而不是现实。您这样告诉人们,意欲何为?

刘歆像

刘歆,西汉末年人,曾跟随父亲刘向整理秘书。他用左丘明的《左传》(即《左氏春秋》)去解释孔子的《春秋》。他对刘向撰写的《别录》加以修订,形成中国历史上第一部图书分类目录《七略》。

墨子: 我的终极目标当然是要让"一天下之和"的景象回到现实生活中来。但是,我又要告诉人们,要创建和平世界是有条件的,其最主要的条件就是要有"知人"的出现。"知人"就是有知识、有智慧、有明智的处世态度、有远见卓识的人。这种"知人"至少要明白和平比战争好,在战争中你得益再多,实际上你也只是把人类推向毁灭的边缘。有了"知人",才可能推行"知人之道",才会自觉地去为和平而奋斗。我的言兵之术,其实也是为了反战之用,刘歆说我的《备城门》等属"兵家"之篇,也是有道理的。

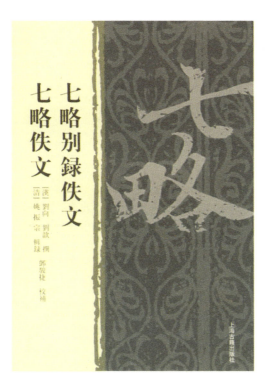

《七略》(上海古籍出版社出版)书影

《墨子》一书最早见于汉代,大概有七十一篇。有趣的是刘歆在作《七略》时竟不知将它归于何类。思考再三,最后分别著录进了墨家和兵家两处。有人问他何以如此处理,他回答:《备城门》以下诸篇为言兵技巧,只能置于兵家处。"

有一种说法认为，您的"一同天下之义"的思想，"不承认进化，不合乎人情"（郭沫若语），是"尚同君主"论，是为开创君主专制社会开了先声，能这样说吗？

墨子：绝对不能这样说。我的"一同天下之义"思想，同"尚同君主"论完全是两码事。我的"尚同"并不是尚同于君主，而是尚同于"天志"。

侯外庐等著《中国思想通史》（人民出版社出版）书影

"天志"是什么？我在《天志》中已经写得很明确，"天志"就相当于一部用来约束天子的"宪法"，我主张"选天下之贤可者，立以为天子"（《尚同上》）。也就是说，天子是由民众选出的，三公与各级乡里行政长官也由民众选出。再说，我是力主法治的，我在《法仪》中说，法则是以"天志"为准则的，法要符合天的意志，则要扬善罚恶，兴天下之利，除天下之害。我还说，刑罚是要除暴安民，是要维护百姓利益，而不是维护统治者的统治，可以说，我主张的是一个民主的法制社会。有人曲解了我"一同天下之义"的思想，也有人说我的思想反动。对此，侯外庐等在《中国思想通史》中明确指出："有人怀疑墨子的政治论是开创专制主义的先声，这是误解。"

《十批判书》书影

郭沫若在《十批判书》中指出："墨子尽管他的人格怎样特异，心理的动机是怎样纯洁，但他的思想有充分反动性，却是无法否认的。在原始神教已经动摇的时候，而他要尊崇鬼神上帝。在'民贵君轻'的思想已经酝酿着的时候，而他要'一同天下之义'。不承认进化，不合乎人情，偏执到了极端，保守到了极端，这样的思想还不可以认为反动，我真不知道要怎样才可以认为反动。"现在看来，郭氏的观点是偏颇的，甚至是错误的。

有不少学者将您这样的"知人"赞誉为"和平天使",东晋道教学者葛洪认为您是"无所不作"的神人。对此,您有什么要说的?

葛洪像

墨子: 确实有不少人将我神化、仙化了,说我是能呼风唤雨、变化无穷的奇人。墨学在春秋战国时期与儒学并为显学,葛洪等人是假借我的名声,以宣传他们自己的思想和主张。其实,我只是脚踏实地地致力于追求"兼爱""尚同"的人。如果一定要赠我一顶桂冠的话,我最愿接受的是"和平天使"。我一直把天下和平看成是天意,而天底下的万民就是天人。战争实际上是一种"取天之人,以攻天之邑,以刺杀天民"(《非攻下》)的犯罪行为,当然也是一种愚蠢的行为。我愿意顺天之意,当一名"和平天使"。我希望有更多的"知人"出现,大家都来当"和平天使"。

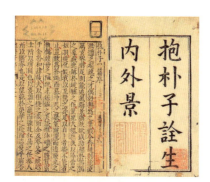

葛洪《抱朴子》书影

《抱朴子》中说:"墨子名翟,宋人。"在《遐览》中著录《墨子枕中五行记》五卷,谓:"其变化之术,大者唯有《墨子五行书》,本有五卷。"还说,"(其人)含笑即为妇人,麋面即为老翁,踞地即为小儿,执杖即成林木……兴云起火,无所不作也。"阮孝绪《七录》有《墨子枕中五行要记》一卷、《五行变化墨子》五卷,盖即葛传所谓《五行记》者。

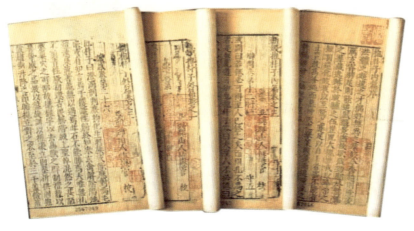

在您看来，"知人"的第一要务是什么呢？也就是面对"无义战"的现实世界，"知人"该怎样跨出第一步呢？

墨子：第一步很重要。在我看来，第一步就　墨子雕像
得充分地揭露战争的罪恶。在《非攻中》中，我一开始就连说了八个"不可胜数"——在战争中，"百姓饥寒冻馁而死者，不可胜数"；在战争中，损失的战备物资"不可胜数"；在战争中，军事器物的损失"不可胜数"；在战争中，原先用于农事的牛马死亡"不可胜数"；在战争中，死在粮草运送途中的人员"不可胜数"；在战争中，因流离失所而死亡的民众"不可胜数"；在战争中，败军死亡的军人"不可胜数"；在战争中，得不到祭祀的鬼神"不可胜数"。我说得有点儿冲动，有点儿语无伦次，这八个"不可胜数"的排列顺序也缺少逻辑上的联系。但是，我为什么要这样不厌其烦地历数这些"不可胜数"呢？目的就是要让人们清醒，认清战争的罪恶，以厌恶和反对战争。

左丘明像

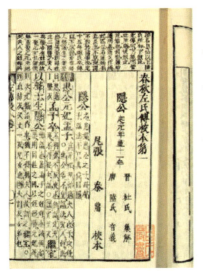

《左传》书影

《左传》原名《左氏春秋》。《左传》实质上是一部独立撰写的史书。《左传》有载："宋殇公立，十年十一战，民不堪命。"足见混乱和战争带给民众的苦难。墨子反战的"非攻"论表达的正是平民百姓对战乱的看法。

左丘明，春秋时期的史学家，鲁国人，双目失明。春秋时有称为瞽的盲史官，记诵、讲述有关古代历史和传说，口耳相传，左丘明即为瞽之一。相传《左传》和《国语》为他所著。

在战争中，最为得意扬扬的是那些所谓的赢家和胜家。对这些人，您如何说服他们"非战"呢？

《墨子·备蛾傅》书影

墨子：对这些人，不是简单的"说服"的问题，而是要正告他们。我可以明确地告诉他们：战争无赢家！那些表面上的大赢家，实际上是真正的大输家！因为一场战争，无故地攻打小国、弱国，就算赢得了战争，夺得了诸多土地，可是征服得了那里的民众吗？征服得了被征服者的"心"吗？"土地者，所有余也，王民者，所不足也。"（《非攻中》）"王民"为何不足？一方面是战争夺去了许许多多无辜百姓的生命，这样，"王民"当然少了。更为重要的是，被征服地区的民众逃的逃，亡的亡，他们不愿当强暴者的"王民"。"人心"是不可用强暴手段夺取的，你得到的无非是一座"虚城"而已。另一方面，那些士兵，跟着你南征北战，伤的伤死的死，这些死者伤者的家属，会真正享受到胜利者的喜悦吗？战争会影响国家的财力、人力、物力，有不少强国就是因为战争导致国力削弱甚至灭亡的。所以说，那些表面上的大赢家，实际上从物质到精神，都是彻头彻尾的大输家。我的三篇《非攻》，目的就是要让那些好战者懂得这个道理。

《墨子·备水》书影

《墨子·备高临》书影

您说:"攻伐为天下之巨害。"孟子说:"善战者服上刑。"在这点上,儒墨两家之言惊人的一致。你们的话,算不算是对那些好战分子的警示?

墨子:的确是一种警示。我尊崇周公,反对战争,制止战争。以战争为能事的那些人,一害民生,二害农本,三害财经,四害家国,我说他们是"天下之巨害",一点也不夸张,说终有一天要将这些好战分子处以"上刑",一点也不过分。

周公像

墨子崇拜周公。有人问墨子,外出周游为何带那么多书?墨子说:我是向周公学的啊!周公可是个了不起的人物啊,他那么忙,每天有那么多的国事要处理,可还坚持读大量的书。

周公庙里的周公(中)像

您赞同孟子的"善战者服上刑"的观念,在您的心目中,所谓"服上刑",是怎样处置那些好战分子呢?

诸葛连弩模型图

连弩是三国时期蜀国诸葛亮发明的一种重兵器。其弓巨大,每支箭有十尺长,每次可连发六十箭。学者认为,其创意源于墨子的构思。墨子首创以辘轳来拉弓和卷弓,只要有一个身强力壮的士兵就可以操作了。

墨子: 我的观点是十分明确的,"服上刑",就是处之以"死罪"。这些人不让民众好好地活,我们就有权利剥夺他的生命。"杀一人,谓之不义,必有一死罪矣。若以此说往,杀十人,十重不义,必有十死罪矣。杀百人,百重不义,必有百死罪矣。"(《非攻上》)按照墨家法的精神,就是杀一人,也是该处以死刑的,何况那些带兵侵略别国,杀了千千万万无辜百姓的罪人呢!墨家从来不向那些不义之人让步,也从来不宽宥那些杀人的恶人。

辘轳雕像

辘轳

墨学重在守御。在《墨子》一书中,自《备城门》至《杂守》,有十一篇是讲防守的。而事实上不少篇章早已散失,有人考证,原本《墨子》中论守御的有二十一篇之多。可见,守御是墨家兵学的基本特色。辘轳在耕织方面也起了极大的作用。

据我们所知,您是最相信民众的,对于惩治好战者,您是否也认为民众是真正起决定性作用的?

战国水陆攻战纹铜鉴中的云梯纹

墨子: 那当然。在我看来,只要民众觉悟了,置好战者于死地是不成问题的。"当此天下之士君子皆知而非之,谓之不义。"(《非攻上》)这里说的"知"就是觉悟,首先是指民众要有反战意识。不是少部分人有反战意识,而是大多数人,甚至是全体民众都有反战意识,这就叫"皆知"。其次,还要拆穿好战者散布的种种谎言,不轻信,更不能"不知黑白之辨"。只要那样,广大民众就能起来制止好战者发动的战争。一旦战争发动,民众就能群起而治好战者的死罪。再次,要制止那些制造杀人武器的人。事实上,我是致力于将某些武器,如云梯等改装成生产运输工具来使用的。

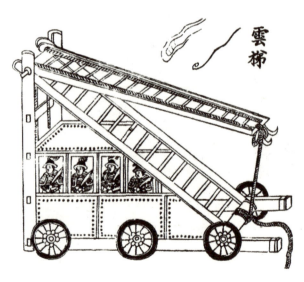

雲梯

飛梯　竹飛梯　蹟頭飛梯

云梯

在《经说下》中,墨子说:"两轮高,两轮为辋,车梯也。"这种被称为车梯的工具,两个前轮高,两个后轮低。在平时,可作运输工具。它既可以畜力牵动,又可以人力推拉。在攻城、守城时,则可将两个高大的前轮竖起、放开,当云梯用。

有人说，您口口声声说战争不好，可是，像大禹、商汤、周武这样的"圣王"不是照样征伐过吗？针对这样的问题，您如何作答？

程颐像

　　程颐，北宋理学家和教育家，为程颢之胞弟。程颢和程颐的思想，统称为"二程"之学。程颐的思想为后来朱熹"理学"的源头。程颢与程颐的著作合编为《二程全书》。程颐二十四岁时曾在京师授徒讲学，主张教育目的在于培养圣人。在教育内容上，主张以伦理道德为其根本，赞墨子的"兼爱""非攻"思想为"尧圣之志"。

墨子：很简单。这完全是不同性质的两类战争。现在的大国攻伐小国，是一种以掠夺和侵吞为目的的战争，是非正义的，我称之为"攻"；禹之征伐是为了打击邪恶，保护百姓，这是正义的，我称之为"诛"。我反对的是"攻战"，并不反对"诛伐"。这是两种不同性质的战争，我们必须区分清楚。

墨子中学的墨子雕像

　　滕州墨子中学弘扬墨子"兼爱""非攻"的思想，使学生形成健康的心理，塑造健全的人格。

荀子对您的论兵思想有接受，有针砭，还有批判。"以守则固，以征则强"（《荀子·议兵》），正是对您"入守固，出诛胜"（《墨子·尚同中》）的阐发。有云"墨子非攻不非守"，此言作何解释？

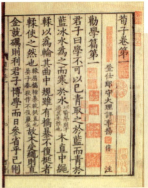

荀子铜像及《荀子》书影

墨子："非攻"的"非"，不是"是非"之"非"，这里的"非"含有否定之意，引申为批评、指责、谴责。"非攻"就是谴责侵略战争，谴责大国侵凌小国、强国吞并弱国，也就是反对强权政治，反对强权战争。"不非守"，就是不去非难守御者。守御不是消极的，而是用积极的方式抗击侵略者，保卫自己的家园。人家打上门来了，弱者守御自己的家园，有什么错？"非攻"是坚持真理；"不非守"也是坚持真理。两者是统一的。有人把大禹、商汤、周武这样一些圣王的诛伐与战国时代的不义之战混为一谈，不是无知，便是别有用心。

商汤（左）、周武（右）像

作为一个"和平天使",为了实现保卫和平的使命,您实施了哪些主要的手段呢?

墨子像

墨子: 主要的手段有两种:一是外出演说。演说的主要对象是广大民众。我从民众中走来,我相信民众,只要民众真正懂了,成了"知人",那天下就有希望了。三篇《非攻》就是我的反战演说词。二是游说。当时的学者都以游说为能事,但目的各不相同。孔子的游说是为了"追寻三代胜迹",庄子的游说是为了个人自由自在地游乐,而我的游说是为了"非攻",为了追寻和平。我不管走到哪里,充当的都是"和平天使"的神圣角色。

《在陈绝粮》(选自明彩绘绢本《圣迹之图》)

　　图说楚国派人来聘请孔子,孔子答应前去。陈国和蔡国的大夫商议道:"若孔子被楚重用,陈国和蔡国就有被吞并的危险。"因此联合派兵围住孔子。粮食吃完了,弟子们病倒了,孔子却一直在弹琴唱歌,不以为意。后来子贡请楚昭王派兵来迎接,孔子一行才免除厄运。这种坚韧不拔的精神,也影响了后来像墨子那样的思想家。

请先生为我们描画一幅您出游的示意图，如何？

《吕氏春秋》书影

墨子：那是不困难的。通俗地讲，我同孔丘一样，也是出行各地。游说花费了我大半生的精力。我从年轻时开始游说，一直到垂老之时，最后是终老在游说途中的。游说分两条路线：一条是向大国、强国的国君、卿相游说"止攻"；另一条是向小国、弱国之君游说"守御"。有时则是交叉着进行的，这可以说是疲于奔命的穿梭游说吧！

孔子铜像

孔子的"追寻三代胜迹"的出游，主要集中在晚年，而墨子的"非攻"而出游则是从青壮年时代就开始了的，一直坚持到了晚年。

看来游说大国是您的首要任务。因为战争是这些国家的统治者挑起的，止住了他们的攻战，天下也就大体上太平了。我们知道您在"止攻"方面做了许多工作，也取得了不小的成果。请您大致勾勒一下您的成果吧！

鲁班像

鲁班，姓公输，名般（盘），又称公输子。他是古代出色的发明家。两千多年以来，他的名字和有关他的故事，一直在民间广泛流传。他被称为土木工匠的祖师。

墨子： 我挑最主要的说吧！这里主要有三大事件：一是止楚攻宋。当时公输盘（鲁班）为楚国建造了一种攻城的云梯，楚国将用它来攻打宋国。我一面派弟子前去帮宋国守御，一面亲自奔赴楚国，劝说公输盘和楚王。经过一番唇枪舌剑，一场即将爆发的战争被制止了。二是劝说鲁阳文君不要攻郑。鲁阳文君是楚国大的封君。他想通过战争夺得楚、郑间的所谓"闲邑"。我亲自跑到鲁阳文君那里，以"攻城如窃贼"的妙喻说服了他。三是止齐太公攻鲁。我亲自拜见齐太公田和，以砍刀为妙喻，说明肆意侵占别人的土地，到头来最不幸的不是别人，而是自己。齐太公怕"不祥"而罢战。

做成这三件大事，一是靠巧辩，二是靠一定的实力，三是靠民众反战的呼声。

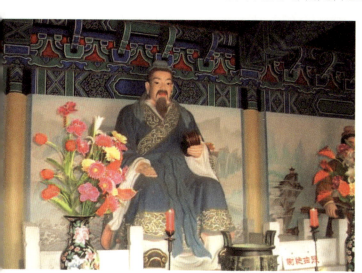

鲁班塑像

鲁班，中国古代的建筑工匠，春秋时鲁国人，具体生卒年代不详，公输氏，名班（般、盘），曾创造攻城的云梯，又相传曾发明木作工具，被尊为工匠的"祖师"。鲁班参与了当时的政治和军事斗争的说法，主要见于《鲁子》。

在中国历史上，"止楚攻宋"是最为成功的，有些史家称之为"非攻的经典之作"。请您说说它经典在何处。

墨子： 这是历史上十分悲壮动人的一幕。听到楚准备大规模攻宋的消息，我马上派出弟子三百人去帮宋守城，同时步行十天十夜，赶去见公输盘和楚王，最后说服了对方。回顾一下，"止楚攻宋"的经典之处至少表现在以下三方面：

第一，充分运用辩术。我在与公输盘及楚王的对阵中，妙语连珠，运用归谬法，指出对方言谈中的矛盾，从而在道理、舆论上压住了对方。

第二，要有如虹的气势。要相信自己是站在真理和正义这边的，这样就能在游说过程中居于上风，最后使攻战者不得不认错。我在辩论中一再告诫公输盘，那样助纣为虐，看来非常风光，实则"不可谓智""不可谓仁""不可谓忠""不可谓强"。

第三，要有一定的实力为后盾。在战争中，起关键作用的是科技实力。在楚王面前，我与公输盘模拟攻守器械的运作。公输盘九次设计攻城的机变，我九次挫败了他。公输盘的攻城机巧用光了，我的守御机巧还绰绰有余，最后对方只得服输。

这三条都重要，但最后一条更重要，没有一定的实力作后盾，单靠说教是不行的。

墨子像

墨子至郢劝说鲁班。《公输》有载："公输盘为楚造云梯之械，成，将以攻宋。子墨子闻之，起于齐，行十日十夜而至于郢，见公输盘。"在那里，"公输盘九设攻城之机变，子墨子九拒之"。最后迫使楚王放弃了攻宋。

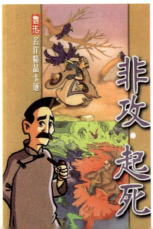

《故事新编》及《非攻·起死》（河北少年儿童出版社出版）书影

鲁迅小说《非攻·起死》（选自《故事新编》）创作于1934年8月，描写了战国时代墨子"止楚攻宋"的故事。小说突出了墨子的仗义性格，以及反对一切侵略战争，主张加强实力、奋起自卫的思想，凸显了墨子勇敢、机智的性格和忘我的牺牲精神。

您还一再向那些小国、弱国之君游说，并且也很成功。您能说一说成功的要旨是什么吗？

《墨子评传》（南京大学出版社出版）书影

邢兆良在《墨子评传》中认为，墨子的军事思想重在防备，"有备无患"，而备在实力。他还认定墨子生于周敬王四十一年（公元前479年），卒于周安王八年（公元前394年），享年八十五岁。

墨子： 在数十年间，我可以说走遍了受欺凌的小国、弱国，做了许多切实可行的工作，实际的守御效果也是好的。我在《备城门》《备穴》等篇反复强调要守御、救助的策略，归结起来也是三条：

第一，要这些小国、弱国注重平时的守御。平时有了准备，出事时就不慌乱了。"有备无患"，是我常跟这些国君讲的。

第二，要小国、弱国的统治者把力量的基点放在"爱利百姓"上。你平时对百姓好，关键时刻百姓会背叛你吗？不可能。齐鲁战争一触即发时，鲁君把我叫去，问："可救乎？"我告诉他："上者尊天事鬼，下者爱利百姓……患可救也。"（《鲁问》）我这里说的不是空话，我是在真正地为他指点迷津。

第三，要实实在在地帮一把。当宋国受到楚国侵凌、大军压境时，我派出了最能干、最善战的三百弟子去协助宋国守城。没有我三百弟子雄赳赳地站立在城头，楚国肯退兵吗？关键时刻还是要用实力说话。

《墨子·备城门》书影

《墨子·备穴》书影

有人说，墨子学说中的"守御"之论，与同一时期的《孙子兵法》"恰成古代军事学说中的双璧"（孙中原《墨学通论》）。先生对此说法认同吗？

墨子: 孙子为齐人，曾追随吴王，为吴将，地位是很高的。他穿行于大国之间，他的理论以攻为主。我与之不尽相同，我的军事理论为小国、弱国着想，主防守之道。从军事史的角度看，也许"双璧"云云是可以成立的吧！而且从一定意义上讲，"守"比"攻"更重要，更有价值。孙中原在《墨学通论》中说："墨家积极防御的军事学说，在当代中国和世界具有更为特殊的现实意义，应该给予更多的关注。"我想这话讲得对。在和平与发展为主旋律的时代，"害人之心不可有，防人之心不可无"。广大的发展中国家，学会"守御"，对于国家安全，是何等的重要！

孙武雕像

孙武，春秋末期军事家，著有《孙子兵法》。后人尊称其为孙子、孙武子、兵圣、百世兵家之师、东方兵学的鼻祖。

《孙子兵法》及《墨子精华》（中华书局出版）书影

《孙子兵法》主攻略，而《墨子》重守御，两者相辅相成，为先秦兵书中的双璧。

　　曾经显赫一时的墨学，秦汉以降却突然变得沉寂了。这一沉寂，就是两千余年。原先的"显学"，一下沦为"绝学"。墨学的传人，不见于史乘；墨学的经典，难登大雅之堂。墨学的"中绝"，太史公说的"俭而难遵"，可能就是一因。当然，"绝学"不绝，它的余韵犹在——在民众的心目中，在劳苦大众的践行中。墨子说的"俭节则昌，淫佚则亡"，以及墨子的守护之道，怎么"绝"得了？到了近世，墨学否极泰来，走上了再生之路。到了当今之世，墨学的现代价值更是让人心动不已。

学术不是政治，但学术受政治的影响和牵制是非常大的。墨学到秦汉之际突然"中绝"，其中必有其政治原因吧？

墨子：一定有的，只是年代久远，难以说清而已。但是，无论如何，秦代可能是墨学的一个大的转折期。"秦皇专任刑法，而儒墨既丧焉。"（《盐铁论·论诽》）儒家与秦始皇嬴政推行的法家不同道，在秦代儒家之丧，势所必然。而墨家之丧，恐怕

《民报》刊头

1905年，《民报》创刊发行，卷首列出古今中外四位伟人肖像：墨子、黄帝、华盛顿、卢梭。墨子被视为"世界第一平等博爱主义大家"。

多在实践方面。墨家主张节俭，秦始皇以奢华为能事。墨家主张非战，秦始皇好大喜功，大事兼并战争。秦始皇嬴政一得势，当然要打击墨学了。到了汉代，儒学受到了独尊，而墨学的境遇比秦代时更差。在那个时代，为老百姓说话的学说，统治者是不会容许的。

墨子像

黄帝像

华盛顿像

卢梭像

墨学的"中绝",与《韩非子·显学》中说的"墨离为三"的现象有无关系?

刘徽像

刘徽,三国时期魏国数学家,在世界数学史上占有一席之地。《九章算术注》是其代表作之一。刘徽的《九章算术注》的成就和墨子科学思想的影响是分不开的。刘徽研读和引注过《墨子》。他在《九章算术注·衰分》第一条说:"墨子号令篇以爵级赐,然则战国之初有此名也。"可见,刘徽的数学研究直接受到墨子思想的影响。

墨子: 应该说有关系。到后来,儒家和墨家都经历了种种分化,造成的后果却不一样。儒家是较为理论性的,它的分化可以使理论在砥砺中得到提升,实际的效果也正是这样。而墨学是倾向于实践的学派,如果一分化,在实践中同一学派的人你干你的,我干我的,"取舍相反,自谓真墨",那以后还有谁信你? 事实上,"墨离为三"只是一种大致的说法,实际的分化可能要更厉害。墨家本以绝对服从的宗教式组织为特色,一旦团体分离,哪还会有战斗力? 从这个意义上说,"中绝"可以说是咎由自取。从某种意义上说,分化的过程,其实也是一种传播。合也好,分也罢,我的思想一直在民间传扬,不是吗? 魏时数学大家刘徽的《九章算术注》就受到了我的思想的影响。

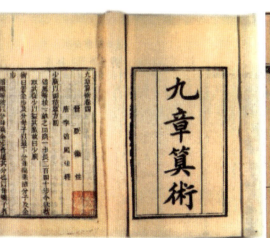
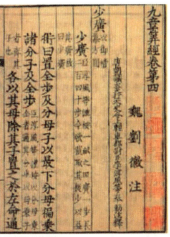

《九章算术》书影

有人说，墨子的理想太高远，把人们都吓跑了，而实际上墨者做得又大打折扣，因此，墨学"中绝"更是顺理成章的了。您认为这样的分析有无道理？

墨子： 我记得《吕氏春秋·有度》中有一段话："孔墨之弟子徒属充满天下，皆以仁义之术教导于天下，然而无所行。教者术犹不能行，又况乎所教？"这里孔学怎么样，我暂且不论。就墨学而言，《吕氏春秋》所批评的这种情况的确存在。我的理想是要建设一个和平美满的世界，充满"兼爱"精神的世界，廉洁纯真的世界，平等而无欺诈的世界。这个世界好不好？谁都会说好。但能不能做到？不少人认为，境界高，难实现，后来连墨者自己也做不到了。久而久之，墨学就被人们忘却了。墨学"中绝"还有更重要的原因，我的思想同道家思想有不少相似之处，后世陈撄宁就认为墨学与道教相近，还有专论《道教与养生》，认为我的思想被道家所融合，久而久之，墨学被边缘化了。其实，所谓"中绝"那是一段时间的事，后世研究我和墨学的图书可谓"汗牛充栋"。

陈撄宁像

陈撄宁，近现代道教学家，居士，曾创办《仙学月报》。他在《道教起源》中说，《墨子》的宗教色彩比《老子》浓厚，墨子崇拜鬼神，而老子不信鬼神。可为什么道教宗祖老子而舍去墨子呢？其主要原因是墨家主张"日夜不休，以自苦为极"，为人所不能接受，再则墨子主张的"节用""节葬""非乐"亦为富贵者所反对。若论思想实质，墨家与道家是相近的（《道教与养生》）。

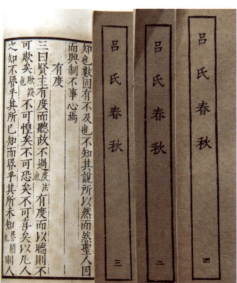

《吕氏春秋·有度》书影

对于墨学灭亡的原因，有多种说法，有梁启超的"非乐致败"说，有胡适的"儒家反对"说，有钱穆的"自身矛盾"说，等等。先生您认为究竟是何原因？

王桐龄像

王桐龄，近代历史学家，著有《中国史》《儒墨之异同》等。他罗列了六十七条儒墨两家的异同，还以元、明诸多小说及明、清秘密结社为例，说明墨学之理想在潜伏、在流传，"未尝完全消灭"。

《儒墨之异同》书影

墨子：首先要更正一种说法，说"墨学灭亡"不确切，墨学并没有灭亡，看来也永远不会灭亡，只是有盛衰的过程。墨学之盛衰有诸多原因，每个朝代的情况又不一样。不过，有一种说法多少反映了历史的实际，即认为墨家力主损己以利天下，境界最高，难以实现。章太炎说过："(墨子)其道德则非孔老所敢窥视也。"从庄子、司马谈到梁启超等人，都认为墨学太高尚，难以做到，把人吓跑了，这也许是原因之一吧！王桐龄在《儒墨之异同》中明确地说："(唐、元许多小说)证明墨学虽中绝，而墨学之理想犹潜藏隐伏于后人脑筋中，固未尝完全消灭。"方授楚在《墨学源流》中说："墨家思想并未灭亡，只好转入地下，存在于民间，以与王朝对抗。"

现在对您身后两千年墨学的境况，有两种提法，一是"中绝"说，二是"沉寂"说。您是当事人，您认为哪种提法更确切些？

墨子：我更赞同"沉寂"说。两千年间，墨学是沉寂了，但还有暗流在，还有根子在，说"绝"了，不太妥当。"绝"了就复兴不了了，只有沉寂的东西才有希望复兴，才可能有光辉的明天。"沉寂"主要是由于种种主客观的条件，被人冷落了。但事物本身的生命力还在，像地火一样，它还在燃烧着，发出自身的光和热。一旦条件成熟，它就会冲破地层，大放异彩。

《汉志》尚录墨家著作六家八十六篇，南朝时佚《尹佚》《我子》两书。到隋代，只有《墨子》《胡非子》《随巢子》。自唐到明，有韩愈《读墨子》，谓"孔墨不相违，丘翟必相用"。王世贞《读墨子》认为："墨子之言，救世主之药石耳！"这些评述是精到的、恰当的，也有力地证明了《墨子》并非后人伪托之作。这些在后世出版的《古史辨》《诸子考索》等书中都有论述。

罗根泽像

罗根泽，现代著名古典文学研究专家，曾主编《古史辨》，著有《诸子考索》。他在《由〈墨子〉引经推测儒墨两家与经书之关系》中指出："《墨子》其中引《诗（经）》者十一则，校除重复一则，实十则。在此寥寥十则中，不见今本诗经者至有四则之多"，"引《（尚）书》者三十四则，校除重复五则，实二十九则。在此二十九则中，篇名文字俱不见今古文尚书者至有十四则之多"。由此推证：《墨子》并非后人所伪托。这对确定墨子生平是一有力论据。

《古史辨》和《诸子考索》书影

您是平民圣人，墨学是平民生存之学，因此有人说，不管墨学的历史命运如何不济，墨子和墨学在平民心中的影响总是抹不去的。您相信这一点吗？

李泽厚像

墨子：完全相信。正如李泽厚在《新版中国古代思想史论》中说的："农民起义大都是'铤而走险''官逼民反'，在他们的极不完整的残存的材料中，可以看出他们的基本思想是与墨子思想一脉相通的。"确是如此。陈胜的"帝王将相宁有种乎"，与墨家的"官无常贵民无终贱"相通。王小波、李顺起义的"吾疾贫富不均"，显然源于墨家的"兼爱""交利"之说。太平天国的"有田同耕，有饭同吃"，也是墨家"相爱相利"思想的反映。中国历史上绵绵不绝的侠义精神，更是发源于墨学。如前所述，说侠为墨者之余脉，是有道理的。

《新版中国古代思想史论》（天津社会科学院出版社出版）书影

墨学的复兴，似乎是与近代民族灾难的深重、救亡思潮的兴起相关的。有人形容说，近代社会是打倒了一个"孔家店"，再造了一个"墨家店"。您对此有何看法？

墨子：鸦片战争以后，亡国灭种的威胁，迫使中国仁人志士重新审视自己的国家，审视自己的传统。人们发现埋没两千余年的墨学中有许多救国救民的好东西，是治国之"良药"。"以自苦为极""摩顶放踵利天下"的墨家形象，大受人们的青睐。俞樾为孙诒让的《墨子间诂》作序，说墨家学说是"安内攘外"的法宝。梁启超在《子墨子学说》中说："今日欲救中国，厥唯墨学。"一时间，校理《墨子》，阐扬墨学，成了新的时尚。陌生和久被冷落的墨学，进入了寻常百姓家。这不论对我本人，还是对我们整个中华民族，都是件可喜的事。当然只有口号还不行，重要的是要有切实的行动。

诸葛亮像

诸葛亮自青少年起就博采众长，精研了先秦诸子百家的思想。墨子倡导节用、节葬，诸葛亮反对奢侈厚葬，力主节流、积蓄；墨子是"日夜不休，以自苦为极"，诸葛亮则是"寝不安席，食不甘味"，事必躬亲，食少事烦。诸葛亮思想体系中所存在的这些墨家思想，显然是其重要来源。

墨子纪念馆

在一段时间里，人们说我们进入了"墨学复活的时代"，还有人说要走"墨学复兴之路"。在历史上，儒墨曾形同水火，现在墨学大行其道，是否意味着要把儒学打入十八层地狱呢？或者说，有一天儒学大行其道，是否又会把墨学打入地下呢？

孔子像

《墨子·公孟》中说，有一次墨子与儒家信徒辩论，对方说："您反对儒家，为何文中多次引用孔子的话呢？"墨子回答："是亦当而不可易者也！"意思是：因为孔子的学说中，有永远不变的真理在，因此我怎能不引用呢？说得对方哑口无言。

墨子：经过多少次不寻常的反复，相信我们以后再不会走极端的评判之路了！儒墨之间，并不是"水火不容"的。我在《公孟》中提到"称于孔子"，也就是称赞了孔子。说孔学中"亦当而不可易者"，就是说孔子学说中也有真理。客观地说，这样的好东西，孔学中有，墨学中也有。把我们的好东西都奉献到子孙后代面前，让他们选择，让他们分辨，让他们综合，这岂不是一件大善事、大美事、大盛事？相信在中国处于盛世的当下，当会这样。

墨子雕像（墨子纪念馆）

墨子像

后 记

　　为了提高国民的文化自觉和文化自信，为建设社会主义文化强国添一块砖、加一片瓦，我们花费了数年时间编纂了这套定名为"提问诸子"的丛书。我们的人手不多，写作这样大部头的书稿实在有点勉为其难。好在大家都有决心，齐心协力地干，几易其稿，现在终于可以面世了。

　　有朋友看了样稿后赞道，这是对国学精当的阐释和大胆的浅化。这当然是同道的过誉和奖掖，对我们来说实不敢当。国学博大精深，涵盖了中国固有的文化和学术，除我们涉及的子学外，还包括医学、戏剧、书画、星相、数术等方面的传统文化。若以学科分，应分为哲学、史学、宗教学、文学、礼俗学、考据学、伦理学、版本学等，其中以儒家哲学为主流。若以思想分，先秦时期就有所谓的"诸子百家"，形成了儒家、道家、法家、墨家、兵家等思想体系。我们触及的只是整个国学中的冰山一角，岂敢以偏概全？所言"精当的阐释和大胆的浅化"，倒确是我们的初衷之所在。这个"子"那个"子"，历代统治者为了一己之利，早已把他们涂抹得面目走样了，为文化自觉和自信计，非得还其原本的真相不可。在"精当"两字上，我们确是花了不少气力的。至于浅化，那更是当务之急。"提高全民族文化素质，增强国家文化软实力"，应是国策。既然这是关乎"全民""国家"的事，岂有不浅化之理？

　　需要说明的是，本丛书靠的是集体的智慧和力量。除了作者的努力外，丛书主编黄坤明先生在选题和框架构想的设定上功不可没。在编撰过程中，得到了国家图书馆、上海图书馆、中华书局、商务印书馆、人民出版社、上海人民出版社、上海古籍出版社，以及诸子故居所在地纪念馆及地方政府的支持，他们给我们提供了大量的珍贵资料和照片，也提出了许多可贵的意见。在编写过程中，我们采纳了张晓敏、江曾培、李国章、陈广蛟、秦志华等先生的许多真知灼见，有关编辑胡国友、刘寅春、李梅、李琳、贺寅、周俊、金燕峰、孙露露、王华、王凤珠等作了精到的修饰和校正，在图文合成中，得到了梁业礼、王轶顽、本本、曾初晓、卢鹏辉、卢斌等的帮助，倪培民教授为丛书简介作了英文翻译，在此一并致谢。

当然，由于作者学力有限，必有偏差、失当和粗疏之处，在此诚望方家好友不吝指教，以待重版时修正。书中的图片有的是请友人实地拍摄的，有的是购买或有关方面赠送的，在此表示谢意外，谅不一一注明了。还有极个别图片已多处使用，且署名不一，实难确定作者。有的图片虽经寻访，但仍然找不到原作者。日后这方面的工作如有所进展，定当按相关规定付以稿酬。

作者

2011年10月18日